Paul Celan

Dargestellt von Wolfgang Emmerich

Rowohlt Taschenbuch Verlag

INHALT

Für Silke
1945–1997

Einleitung

«... SEINER DATEN EINGEDENK»

Zeit und Ort – des Gedichts und seines Autors

Paul Celan gilt heute als der bedeutendste Lyriker deutscher Sprache seit 1945. Seine *Todesfuge* ist ein, ja vielleicht d a s Jahrhundertgedicht. Manchmal wird es sogar Picassos Epochenwerk «Guernica» an die Seite gestellt. 1988 wurde das Gedicht im Deutschen Bundestag von Ida Ehre rezitiert, als man des Pogroms der sogenannten Reichskristallnacht am 9. November 1938 gedachte. Mehrere anspruchsvolle Ausgaben versuchen, das Gesamtwerk Celans in authentischer Weise zugänglich zu machen. Seit 1997 liegt auch eine umfangreiche Auswahl der Gedichte aus dem Nachlaß vor. Die Zahl der interpretierenden Studien zu Celan ist kaum noch zu überschauen, und ein «Celan-Jahrbuch» widmet sich seit 1987 ausschließlich dem Werk dieses Autors. Mehrere Einzelkorrespondenzen Celans sind veröffentlicht worden, ebenso eine größere Zahl von Erinnerungen an ihn, manche erzählerisch prägnant und bewegend. Kurz, der Celan-Leser wie der Celan-Forscher hat viele Orientierungs- und Vertiefungsmöglichkeiten seiner Lektüre.

Zugleich irritieren viele Gedichte dieses Autors als schwer zugänglich, gar als vollkommen unverständlich. Häufig wird dann bedauert, daß das Wissen über die Lebensgeschichte Celans so lückenhaft sei. Nun war Paul Celan gewiß ein diskreter Mensch und, wie er gesprächsweise mitteilte, *kein Freund der Vergesellschaftung des Innenlebens*. Doch erklärt das die schwere Zugänglichkeit, den Eindruck der Verrätselung zumal seiner späteren Gedichte, die doch gleichzeitig immer ahnen lassen, daß ihnen eine gewichtige Erfahrung, eine Verstörung des Schreibenden zugrunde liegt? In dem gleichen Gespräch äußerte Celan: *Ich stehe auf einer anderen Raum- und Zeitebene als mein Leser; er kann mich nur «entfernt» verstehen, er kann mich nicht in den Griff bekommen, immer greift er nur die Gitterstäbe zwischen uns.*[1]

Warum aber wollte Celan nur «*entfernt*» verstanden werden, weshalb *Gitterstäbe*, ein *Sprachgitter* (so der Titel eines Gedichtbandes) zwischen sich und seine Leser legen? War er nicht nur diskret, sondern auch elitär, ein reiner Artist in der Nachfolge Mallarmés und Stefan Georges? Nichts könnte falscher sein als diese Annahme, und gegen nichts hat Paul Celan sich je schärfer gewandt als gegen eben diese Unterstellung. Das Umgekehrte gilt: Bei kaum einem anderen Autor, gleich welcher Epoche oder Sprache, sind Erlebtes und Geschriebenes so miteinander verhakt wie bei diesem. Das Erlebte wiederum ist nie nur privat. Die individuelle Lebensgeschichte Celans ist durchtränkt von den traumatischen Erfahrungen des Jahrhunderts, und so sind es auch seine Gedichte. Ohne den Horizont dieser Schreckensgeschichte, kulminierend im Massenmord an den europäischen Juden, können und dürfen diese Texte nicht gelesen werden.

An einem bedeutenden Prosatext Celans, seiner Dankrede bei der Verleihung des Georg-Büchner-Preises, sei dies veranschaulicht. Diese Rede mit dem Titel *Der Meridian* gilt mit Recht als seine Poetik des zeitgenössischen Gedichts. Der Akzent liegt dabei auf zeitgenössisch. Wie stark sich Celan der Zeitgenossenschaft des Gedichts verpflichtet fühlte und wie radikal und zugleich bekenntnishaft seine Rede war, wurde damals, bei Celans Vortrag derselben am 22. Oktober 1960 in Darmstadt, von seinem Publikum nicht wahrgenommen. Zu schmal war das historische Wissen, zu gering die Bereitschaft, ein Zeitbewußtsein auszubilden, das auch das Schreckliche einschloß. *Vielleicht darf man sagen*, so formulierte Celan damals, *daß jedem Gedicht sein «20. Jänner» eingeschrieben bleibt? Vielleicht ist das Neue an den Gedichten, die heute geschrieben werden, gerade dies: daß hier am deutlichsten versucht wird, solcher Daten eingedenk zu bleiben? – Aber schreiben wir uns nicht alle von*

Paul Celan und Marie Luise Kaschnitz bei
der Verleihung des Georg-Büchner-Preises in
Darmstadt, 22. Oktober 1960

solchen Daten her? Und welchen Daten schreiben wir uns zu? (III,
196)

Als Celan auf das Datum des *20. Jänner* anspielte, war wohl
vielen Zuhörern klar, daß er damit den Anfang von Büchners
Erzählung «Lenz» in Erinnerung rief. Daß es ihm dabei auch,
und vor allem, um einen anderen 20. Januar, den des Jahres
1942, ging, realisierte wohl niemand. Es ist charakteristisch für
Celan, auch den der Gedichte, daß er ein hochpolitisches Datum – hier das der Wannsee-Konferenz, auf der der Massen-

mord an den Juden strategisch durchgeplant wurde – nennt, ohne seinen Inhalt auszusprechen. Er überläßt es dem Interesse des Zuhörers oder Lesers, ob er das Gesagte ernst nimmt und das gestellte Rätsel löst (sprich: lösen will). Daß im Fall dieses Datums noch weitere frappante Assoziationen Celans hinzukommen mögen, die sich dem ‹normalen Leser› nicht ohne weiteres erschließen können, sei nur erwähnt. So spricht einiges dafür, daß Celan an einem *20. Jänner* (des Jahres 1948) Ingeborg Bachmann in Wien kennenlernte, mit der ihn für ein halbes Jahr eine innige Liebe und später eine sehr schwierige, ‹entfernte› Freundschaft verband.[2] Zu vermuten ist auch, daß Celan sich einer Passage aus Jean Pauls Roman «Titan» erinnerte, in der unter der Überschrift «20ster Jenner» ein bestimmtes «Erzählungsspiel» entworfen wird.[3]

Auf die Prägung von wirklich *heutigen* Gedichten (ein Celan-Wort) durch signifikante individuelle und kollektive Daten, also Erfahrungen der jüngsten Geschichte und Gegenwart, kommt die Rede *Der Meridian* noch mehrfach zu sprechen. *Dieses Immer-noch des Gedichts*, heißt es an anderer Stelle, *kann ja wohl nur in dem Gedicht dessen zu finden sein, der nicht vergißt, daß er unter dem Neigungswinkel seines Daseins, dem Neigungswinkel seiner Kreatürlichkeit spricht.* (III, 197) Und wenig vorher betont Celan, überlegend, welchen *Akzent* seine Dichtung setze, dies könne weder der *Gravis des Historischen* noch der *Zirkumflex […] des Ewigen* sein: *Ich setze – mir bleibt keine andere Wahl –, ich setze den Akut.* (III, 190)

Celan geht es in seiner Darmstädter Rede von 1960 um eine Zeit- und Ortsbestimmung von gegenwärtiger Dichtung schlechthin, und das verdeckt genannte Datum des 20. Januar 1942 ist als ein Signal für a l l e Literatur nach der Shoah zu verstehen, die nicht aus der Zeit fallen und verantwortungsblind sein will.[4] Freilich, Paul Celan war, gemeinsam mit all den über den Erdball verstreuten, durch Glück und Zufall vom nazistischen Massenmord verschonten Juden, unter einen ganz besonderen *Neigungswinkel des Daseins* gebeugt, dem, auch wenn er nicht zu den Ermordeten zählte, nicht zu entkommen war. So ist seinem gelebten Leben wie allen seinen Gedichten seit dem Winter 1942/43, als er die Nachricht von der Ermordung seiner Eltern in einem Konzentrationslager erhielt, ebendiese traumatische, nie zu überwindende Erfahrung eingeschrieben. In ihr vereinigen sich drei Momente, die zusammen den bleibenden *Akut* von Celans Leben und Schreiben bilden: die kaum je nachlassende Trauer vor allem um die geliebte Mutter, die mit einem anhaltenden Schuldgefühl verbundene Frage an sich selbst, warum denn gerade er überlebt habe, und schließlich eine zeitweise gelebte und immer wieder poetisch imaginierte Vereinigung mit allen Juden der Welt, den toten wie den lebendigen.

> Der Ort des Gedichts ist ein menschlicher Ort, «ein Ort im All», gewiß, aber hier, hier unten, in der Zeit. Das Gedicht bleibt, mit allen seinen Horizonten, ein sublunarisches, ein terrestrisches, ein kreatürliches Phänomen. Es ist Gestalt gewordene Sprache eines Einzelnen, es hat Gegenständlichkeit, Gegenständigkeit, Gegenwärtigkeit, Präsenz. Es steht in die Zeit hinein.
>
> Paul Celan, Die Dichtung Ossip Mandelstamms

Wie aber manifestiert sich diese unaufhörliche, über drei Jahrzehnte anwesende traumatische Zeit- und Ortserfahrung in der Lyrik Celans? Wie sind ‹Einschreibung› und ‹Umschrift› des Erlebten in die Gedichttexte hinein vollzogen? Haben sich letztere, wie vielfach behauptet, gänzlich vom biographisch Erlebten entfernt, müssen sie also auch getrennt davon als ‹reine Kunstwerke› gelesen werden? Und umgekehrt: Ist ein Interesse an Paul Celans Biographie damit illegitim, verstößt es gegen eine «Ethik der Lektüre»[5], gerade weil Celan die Verfremdung des Erlebten sehr weit getrieben hat und die meisten seiner Gedichte ahnbare biographische Spuren nicht ohne weiteres preisgeben?

Das Stereotyp, mit dem schon zu Lebzeiten Celans auf seine Gedichte, zumal seit dem Band *Sprachgitter*, reagiert wurde, lautet, sie seien «hermetisch» oder «kryptisch» – mit einem Wort: unverständlich und somit eine Zumutung. Celan reagierte irritiert, manchmal sogar aufgebracht auf solche Vorurteile. Dem Schriftstellerkollegen Arno Reinfrank sagte er einmal: *Mein letztes Buch [Ausgewählte Gedichte, 1968] wird überall für verschlüsselt gehalten. Glauben Sie mir – jedes Wort ist mit direktem Wirklichkeitsbezug geschrieben. Aber nein, das wollen und wollen sie nicht verstehen.*[6] Dem späteren Biographen seiner Jugend, Israel Chalfen, der ihn 1961 um eine Verständnishilfe bei einem schwierigen Gedicht bat, antwortete Celan: *Lesen Sie! Immerzu lesen, das Verständnis kommt von selbst.*[7]

Dieser Ratschlag des Autors ist jedenfalls zu beherzigen – mit dem einmaligen ‹Durchlesen› eines Celanschen Gedichts ist es bei keinem einzigen getan. Vor allem aber muß sich der Leser, will er die anfängliche Faszination eines Gedichts in eine dauerhafte, nicht zur Enttäuschung werdende *Begegnung* (für Celan das Schlüsselwort für die Beziehung von Gedicht und Leser) verwandeln, kundig machen über die *Daten* des Gedichts.

Der Autor hat den uns so aktuell anmutenden Ausdruck selbst häufig gebraucht – hervorstechend in der bereits zitierten Passage aus *Der Meridian* –, und zwar in einem sehr weiten Verstand: ‹Datum› (wörtlich: ‹das Gegebene›) kann sehr vieles sein – die Zeitangabe im Kalender, aber auch alle möglichen geschichtlichen, politischen, literarischen, sprachlichen oder persönlich-biographischen Fakten und Informationen sind *Daten* im Sinne Celans. Sie kommen allein darin überein, daß sie an irgendeinem Punkt des Lebens und Denkens dieses Autors existentiell bedeutsam geworden sind. So gibt es Kardinaldaten wie den genannten *20. Jänner* (1942), dem auf der persönlichen Ebene des Dichters das (nie mehr genau feststellbare) Datum des Todes der Mutter korrespondiert. In diesen Zusammenhang gehört der ganze Datenkomplex Judentum, von der jüdischen Geschichte über die Vernichtungslager bis hin zu Israel, von dem Celan *sich her* und dem er *sich zuschreibt*, wobei dieser Autor solche Daten kaum je unmittelbar als Wörter des Gedichts verwendet. Er hätte nie, wie Peter Weiss, einen Prosatext mit dem Titel «Meine Ortschaft» schreiben können, der explizit «Auschwitz» nennt und in dem der Autor sich diesen Ort direkt biographisch zuordnet (das Wort «Auschwitz» kommt in Celans Gedichten kein einziges Mal vor).

Aber auch andere historisch-politische Daten haben in Celans Gedichte Eingang gefunden: der Spanische Bürgerkrieg, der Arbeiteraufstand in Wien im Februar 1934, der Atombombenabwurf auf Hiroshima im August 1945, der Vietnamkrieg, der Pariser Mai 1968 ebenso wie der Prager Frühling 1968. Immer sind es Daten, in denen es um die Erniedrigten und Beleidigten dieser Erde geht – *Mit den Verfolgten in spätem, un- / verschwiegenem, / strahlendem / Bund.* (II, 25)

Unvermutet begegnen im Celanschen Gedicht aber auch ganz andere Daten: seltene Pflanzennamen oder Fachausdrücke aus der Bergmannssprache, Spezialvokabular aus Geologie und Astronomie, Wörter aus dem Hebräischen, aus dem Jiddischen oder aus dem Lateinischen, aus dem Mittelhochdeutschen kommende Ausdrücke ebenso wie kraß umgangssprachliche von heute. Hinzu kommen, in den einzelnen Phasen von Celans Lyrik unterschiedlich gewichtig, anspielungsreiche ‹Daten› aus der jüdischen, speziell aus der chassidischen Religionsgeschichte (deren Unkenntnis einem Leser von heute besonders hinderlich ist, will er diesen Gedichten ‹begegnen›).

Doch auch die in der Moderne allgemein geläufige Intertextualität, das heißt das mehr oder weniger offensichtliche Korrespondieren eines Gegenwartstextes mit bestimmten Linien und Einzeltexten der literarischen Tradition, spielt in Celans Gedichten eine gewichtige Rolle. Freilich hat solcherart Intertextualität bei diesem Autor nie etwas mit dem Ausstellen der eigenen Belesenheit (die bei Celan wie selbstverständlich in hohem Maße gegeben war) zu tun. Hier, wie an vielen anderen Stellen, gilt für ihn das gleiche wie für Ingeborg Bachmann: Zitate sind für ihn gar keine Zitate im landläufigen Sinn, vielmehr sind sie «das Leben»[8]. Insofern können solche ‹Zitate› im gleichen Gedicht, ja im gleichen Vers in unmittelbarer Nachbarschaft mit ‹Daten› ganz anderer Art begegnen: den persönlichsten schlechthin. Gedichte Celans sprechen, direkt oder häufiger indirekt, von den Menschen, die ihm persönlich nahestanden, die er liebte – mit Abstand am häufigsten von der Mutter, sodann von seiner Frau und von seinem Sohn Eric. Aber auch andere Personen dringen zeitweise ins Gedicht ein: der Jugendfreund Erich Einhorn, die Geliebte

Ingeborg Bachmann, die Dichterfreundin und Schicksalsgefährtin Nelly Sachs und zahlreiche andere. Dies ist für Celan schon deshalb das nächstliegende, weil seine Gedichte nie monologisieren, vielmehr immer ein bestimmtes oder auch nicht näher definiertes Du erreichen wollen. Einige der wichtigsten Personen, mit denen er in einen imaginären Dialog eintritt, sind Tote: wiederum die Mutter an erster Stelle, einige Male auch der Vater, der unmittelbar nach seiner Geburt gestorbene Sohn François, vor allem aber Dichter und Denker, denen er sich existentiell nahe fühlte: Ossip Mandelstamm (so Celans Schreibweise), Marina Zwetajewa, Franz Kafka, Walter Benjamin, Friedrich Hölderlin, Rembrandt oder Vincent van Gogh. Auch ihr Schicksal, ihr Werk ist ein ‹Gegebenes› – ein Aufgegebenes –, das in das sich immer weiter verdichtende Datennetz des lyrischen Textes eingeht.

Ein Beispiel mag diesen komplexen, das Celansche Gedicht konstituierenden Vorgang umrißartig veranschaulichen. In dem Band *Atemwende* von 1967 steht das folgende Gedicht:

COAGULA

Auch deine
Wunde, Rosa.

Und das Hörnerlicht deiner
rumänischen Büffel
an Sternes Statt überm
Sandbett, im
redenden, rot-
aschengewaltigen Kolben.   (II, 83)

Vermutlich ist ein nicht in Celans Lyrik Eingelesener nahezu verloren bei dem Versuch, dieses Gedicht zu verstehen. Aber er kann ein Fremdwörterbuch zu Rate ziehen und lernen, daß «Coagulum» ein (Blut-)Gerinnsel ist, etwas Geronnenes. Vielleicht denkt er bei *Rosa* an Rosa Luxemburg, die «rote Rosa», die in der Nacht vom 15. auf den 16. Januar 1919 ermordet wurde (*Auch deine / Wunde, Rosa.*) – und schon wäre er auf einem weiterführenden Weg. Dann könnte ihn der genannte *rot- / aschengewaltige Kolben* auch an die dem Mord vorausgehenden Mißhandlungen von Rosa Luxemburg (und Karl Liebknecht) denken lassen. Wer weitergräbt, wird aus der Historisch-Kritischen Werkausgabe lernen, daß es einen frühen Textzeugen vom November 1962 gibt, der den vollen Namen «Rosa Luxemburg» tatsächlich nennt.[9] Schließlich ist gut bezeugt, daß Celan im Dezember 1967 bei seinem Berlin-Aufenthalt auch zum Landwehrkanal ging, in den der Leichnam von Rosa Luxemburg geworfen worden war. Stößt man auf Luxemburgs Briefe aus dem Gefängnis, so liest man in ihnen eine ergreifende Passage. Aus dem Breslauer Gefängnis schreibt die Inhaftierte Mitte Dezember 1918 an Sophie Liebknecht, wie sie im Hof Rinder «aus Rumänien, [...] Kriegstrophäen», gesehen habe, die von Soldaten so mißhandelt wurden, daß einem jungen Tier das Blut «aus der frischen Wunde» rann. Das Tier habe «dabei vor sich hin [geschaut] mit einem Ausdruck in dem schwarzen Gesicht und den sanften schwarzen Augen wie ein verweintes Kind [...] Ich stand davor, und das Tier blickte mich an, mir rannen die Tränen herunter – es waren s e i n e Tränen, man kann um den liebsten Bruder nicht schmerzlicher zukken, als ich in meiner Ohnmacht um dieses stille Leid zuckte. Wie weit, wie unerreichbar, verloren die schönen freien saftiggrünen Weiden Rumäniens!»[10]

Belesenen wird vielleicht auch einfallen, daß das Dienstmädchen in Kafkas Erzählung «Ein Landarzt», die das Opfer des brutalen Knechts wird, Rosa heißt, und daß es außerdem in dieser Geschichte um die blutendrote «Wunde» eines Jungen geht. Relativ einfach wird man zudem assoziieren, daß Celan bis 1947 rumänischer Staatsbürger war, also wohl die rumänischen Büffel mit biographischem Bezug ins Gedicht geraten sind. Wer überdies Israel Chalfens Jugendbiographie des Autors gelesen hat, mag sich erinnern, daß Celan nach 1945 in Bukarest einer Frau namens Rosa Leibovici eng verbunden war.[11]

Licht fällt vor allem von einem schon seit 1970 bekannten Brief Celans an seinen engsten Freund aus der Bukarester Zeit,

Petre Solomon, auf das Gedicht. In ihm heißt es: *auf Seite 79 [von «Atemwende», = «COAGULA»], die rumänischen Büffel, die Rosa Luxemburg durch das Gitter ihres Gefängnisses laufen sieht, laufen mit drei Worten aus Kafkas «Ein Landarzt» zusammen – und mit diesem Namen: Rosa. Ich lasse gerinnen, ich versuche gerinnen zu lassen.*[12]

So sind also ‹Daten› höchst unterschiedlicher (historischer, literarischer, biographischer) Provenienz als *Anamnese*[13] erhoben – wobei das Wort in seinen beiden Bedeutungen verstanden werden sollte: als Wiedererinnerung der Seele an die ihr eingeborenen Ideen (im Sinne Platos) und als die Vorgeschichte einer Krankheit nach den Angaben des Kranken (wobei der medizinische Terminus zum sowohl psychologischen wie politischen wird). An sich getrennte Orte, Zeiten und Personen sind, im Zeichen der *Wunde, in eins*[14] gedacht, imaginativ verschmolzen worden – und wieder «geronnen» zur Textur des Gedichts. Vereint sind sie – Kafkas mißhandeltes Dienstmädchen Rosa, die jüdische Sozialistin Rosa Luxemburg und die mißhandelten Tiere aus Celans Herkunftsland Rumänien, um die sie wie um Menschenbrüder weint, und vielleicht auch die Bukarester Geliebte Rosa Leibovici – auf einer vorgestellten Linie, einem *Meridian* der Opfer, derer das Gedicht gedenkt. Die beiden *Coagula* – des wirklichen Blutes und des geronnenen Textes – sind zwei Seiten ein und desselben.

So dokumentiert zumal das spätere Werk Celans zweierlei: zum einen die regelmäßige Einschreibung von nachweislich autobiographisch Erlebtem in einen Kontext, der anderes und mehr als nur autobiographisch ist. Gleichzeitig wird dieses Erlebte in einen rätselhaften, nur «*entfernt*» verständlichen Text umgeschrieben, von dem der Leser in der Tat immer wieder den Eindruck haben kann, daß er *auf einer anderen Raum- und Zeitebene* angesiedelt ist als er selbst – auch dann noch, wenn er vieles von dem der Textur Eingeschriebenen, in sie Verwobenen entziffert hat. Stets aufs neue steht er vor dem Paradox, daß sich hier jemand zu erkennen gibt – und im gleichen Augenblick verhüllt. Dazu stimmt auch das Verfahren Celans – konsequent befolgt seit der öffentlichen Plagiatsanschuldi-

«Ein Blatt, baumlos», entstanden 1968 (Erstdruck 1970). Faksimile. Celan bezieht sich in diesem Gedicht auf die 2. Strophe von Bertolt Brechts Gedicht «An die Nachgeborenen»: «Was sind das für Zeiten, wo / Ein Gespräch über Bäume fast ein Verbrechen ist / Weil es ein Schweigen über so viele Untaten einschließt!» (Erstdruck 1939)

gung 1960 –, seine Gedichte in ihrer ersten Fassung zu datieren, diese Entstehungsdaten bei der Drucklegung aber wieder zu tilgen.

Es gibt Gedichte von Celan bis weit in die fünfziger Jahre hinein, die dem Verständnis weniger Widerstand entgegensetzen als die der sechziger Jahre, und das, obwohl sie sich zum

Teil einer hochartifiziellen Bildsprache bedienen. In ihnen ist das skizzierte Verfahren der Ein- bzw. Umschreibung nur in Ansätzen ausgebildet. In einem der nachfolgenden Kapitel wird erläutert, warum Paul Celan in den späten fünfziger Jahren zu dieser Schreibweise überging. Hier sei nur der Standpunkt umrissen, den der Autor spätestens mit der zutiefst kränkenden Plagiatsaffäre 1960/61 erreicht hatte und den er nie mehr aufgab.

Für Celan war ein gleichsam naiver, unmittelbarer Gebrauch der deutschen Sprache – seiner geliebten Muttersprache, die gleichzeitig die Sprache der Mörder seiner Mutter war – zu diesem Zeitpunkt längst nicht mehr möglich. Zwölf, fünfzehn Nachkriegsjahre hatten ihm gezeigt, daß von der vielbeschworenen «Bewältigung» der Nazi-Vergangenheit in Deutschland keine Rede sein konnte und er folglich von den nichtjüdischen deutschsprechenden Lesern seiner Gedichte – und sie waren und blieben seine Hauptleserschaft – durch eine tiefe Kluft getrennt war. Also mußte diese Kluft auch sprachlich markiert werden, in jedem Gedicht wieder neu, und zumal als Barriere für ein vereinnahmendes, ‹unmittelbares› Verstehen, das dem (meistens durchaus gutwilligen) Leser am Ende sogar die Illusion bescheren konnte, er habe sich mittels des verstandenen Gedichts mit den Opfern versöhnt, mitleidend identifiziert. Demgegenüber ist hartnäckig daran festzuhalten, daß der Leser Celanscher Gedichte ihnen nur dann gerecht wird, wenn er ihre Fremdheit respektiert. Celans Arten und Weisen, diese ‹Entfernung› zu kennzeichnen, sind außergewöhnlich erfindungsreich und vielfältig. Im Zentrum stehen die bereits skizzierten Methoden der Verdichtung ganz unterschiedlicher ‹Daten› auf der semantischen Ebene. Sie gehen einher mit Verfremdungsverfahren am Sprachmaterial, das Celan in die Vernichtungsmühlen nazistischer Herrschaft geraten sieht wie die Menschen selbst. So wurde ihm ein dichterischer Umgang mit Sprache zur Utopie, die jegliche vermeintlich unmittelbare Kommunikation ausschloß und statt dessen zu unmenschlichen Artikulationsweisen wie *Lallen, Gewieher, Krähen* und *Krächzen* mutierte. *Der Kehlkopfver-*

schlußlaut / singt, heißt es in dem Kafka-Gedicht *Frankfurt, September* (II, 114).

«Poetischer Gehalt aber ist Gehalt des eigenen Lebens», postulierte einst Goethe, der Erlebnis- und Gelegenheitsdichter par excellence.[15] Nichts anderes gilt, so frappierend es klingen mag, für die Gedichte Paul Celans. *Ich habe nie eine Zeile geschrieben, die nicht mit meiner Existenz zu tun gehabt hätte – ich bin, Du siehst es, Realist auf meine Weise*, schrieb er 1962 an den alten Czernowitzer Freund Erich Einhorn.[16] Nur: Wie einschneidend sind die Veränderungen im «Gehalt des eigenen Lebens», wie verletzend und zerstörend die Erfahrungen, die zwei Jahrhunderte nach Goethe über die Menschen gekommen sind, und über die europäischen Juden zuallerst! In diesem Sinne wollen die Gedichte Celans als ganz und gar gegenwärtige, *in die Zeit hinein stehende*, gelesen werden, nicht als «écriture pure». Bei einer Lektüre im vom Autor selbst vorgegebenen Sinne kann der Urheber des Gedichts, das wirkliche Subjekt Paul Celan, nicht ignoriert werden, auch wenn es sich in der Vielzahl der Gedichte in vielfältige lyrische Subjekte hinein zerstreuen mag. Ja, er hat sogar ein Recht darauf, als ein Mensch mit seiner verstörenden, erregenden, respektheischenden Lebensgeschichte ernst genommen zu werden. Also ist eine Biographie Paul Celans so möglich wie legitim. Die vorliegende Einführung kann sie schon aus Raumgründen nicht zuwege bringen. Aber sie kann immer dort, wo es im Sinne dieser Überlegungen geboten ist, biographische Hinweise geben, dabei stets eingedenk des unauflöslichen Verwobenseins von Individuellem und Nicht-nur-Individuellem, das die Anfangsverse eines späten Gedichts aus dem Band *Zeitgehöft* ins Bewußtsein rücken:

Du liegst hinaus
über dich,
über dich hinaus
liegt dein Schicksal. (III, 73)

Die frühen Jahre

Eine Jugend in Czernowitz,

Bukowina, 1920–1940 «Landschaft die mich / erfand» – so läßt die 1901 in Czernowitz geborene Lyrikerin Rose Ausländer ihr Gedicht «Bukowina II» beginnen.[17] Und so, wie sie sich von der Kulturlandschaft Bukowina regelrecht «erfunden» sah, so erlebten es auch alle anderen jüdischen Dichter deutscher Sprache, die in dieser Gegend, dem bis 1918 östlichsten Zipfel der Donaumonarchie, geboren wurden und in ihr aufwuchsen. Nach dem Stammvater der Czernowitzer Literatur Karl Emil Franzos (1848–1904), der freilich erst als Gymnasiast von Galizien nach Czernowitz kam, waren es aus dieser Generation Isaac Schreyer, Paul Celans Mentor und väterlicher Freund Alfred Margul-Sperber, Moses Rosenkranz, Klara Blum und Alfred Kittner, aus der nachfolgenden Generation Celans seine zeitweiligen Mitschüler Alfred Gong und Immanuel Weißglas sowie die jüngeren Manfred Winkler, Else Keren und Celans Großcousine Selma Meerbaum-Eisinger, um hier nur einige zu nennen. Hinzu kommen nichtjüdische Autoren wie die Lyriker Georg Drozdowski und Elisabeth Axmann sowie Gregor von Rezzori, der Autor der «Maghrebinischen Geschichten». Sie alle sangen, mit ihren Dichterkollegen der anderen Nationalitäten, «viersprachig verbrüderte / Lieder / in entzweiter Zeit»[18] – in deutsch, rumänisch, ukrainisch und jiddisch.

Als Paul Celan zu Jahresende 1947 in Wien auftauchte, kam er – so erinnert sich Milo Dor – «buchstäblich aus dem Nichts»[19]. Doch so schien es nur, weil die Kulturlandschaft Bukowina 1945 untergegangen war. Paul Celan hat sich wieder und wieder an *den Ort* seiner *eigenen Herkunft* (III, 202), an sein *verdammt geliebtes Czernowitz*[20] erinnert und als *karpatisch Fixierten*[21] bekannt. So beginnt ein 1964 geschriebenes Gedicht aus dem Band *Atemwende*: *Schwarz, / wie die Erinnerungswunde,*

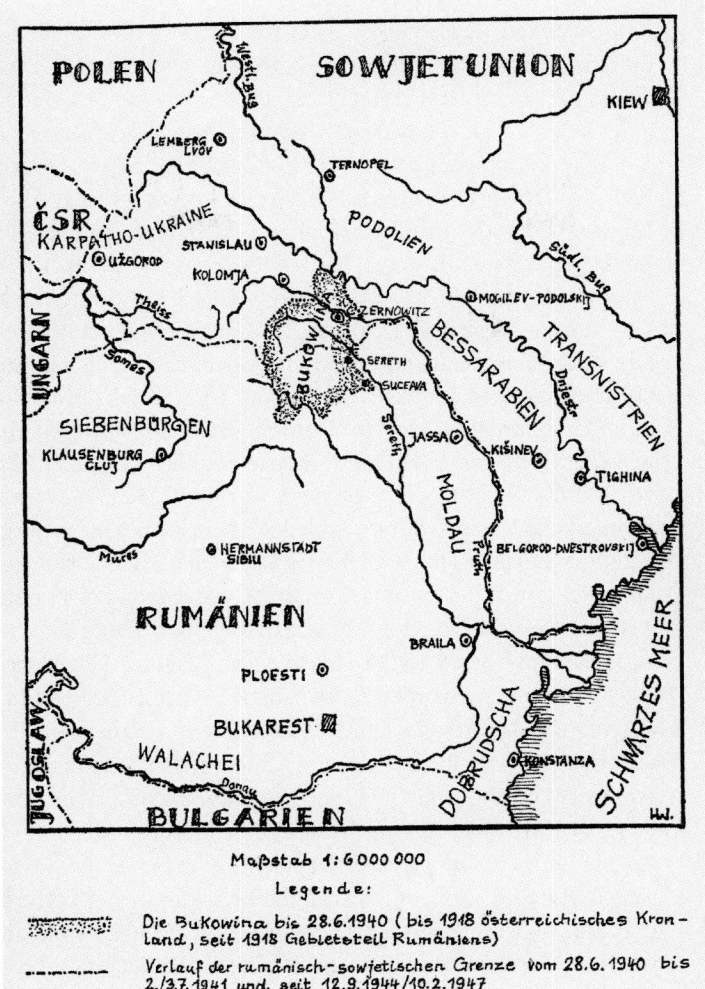

Karte der Bukowina und der umliegenden Gebiete

wühlen die Augen nach dir / in dem von Herzzähnen hell- / gebisse-
nen Kronland, / das unser Bett bleibt: // durch diesen Schacht mußt
du kommen – / du / kommst. (II, 57) Das Land der Kindheit, einst
Kronland der Habsburger, ist *von Herzzähnen hell- / gebissen.* Die
Heimat hat, mit ihren Menschen zerstört und verloren, nur

eine schwarze *Erinnerungswunde* hinterlassen – und bleibt doch auf Lebenszeit das *Bett,* in dem der Dichter die Sehnsuchtsträume einer erfüllten Kindheit und Jugend aus einem goldenen Zeitalter der Kultur träumt und wiedererinnert.

Eine Kultur existiert in Raum und Zeit, und so wie sie lebt in diesen Dimensionen, so ist sie auch in ihnen sterblich. Eine für eineinhalb Jahrhunderte überaus lebendige, deutsch-jüdisch geprägte Kultur war die des Buchenlandes und ihrer Hauptstadt Czernowitz. Und so kraftvoll diese Kultur für kurze Zeit blühte, so reich sie drei bis vier Generationen von Künstlern und Intellektuellen inspirierte, so abrupt und nahezu vollständig ist sie in den vierziger Jahren des 20. Jahrhunderts ausgelöscht worden und *der Geschichtslosigkeit anheimgefallen,* wie Paul Celan in seiner *Bremer Rede* formulierte (III, 202). Das geschah in zwei Etappen. Die erste war die Deportation und nachfolgende Ermordung von sieben Achtel der nahezu 100 000 Juden aus der nördlichen Bukowina (wie das «Buchenland» ukrainisch und auch rumänisch hieß) in den Jahren 1941 bis 1944. Die zweite war die willkürliche Teilung der seit 1918 rumänischen Provinz zu Ende des Zweiten Weltkriegs. Die Südbukowina wurde bei Rumänien belassen, die Nordbukowina mit der alten Hauptstadt Czernowitz von der Sowjetunion annektiert und der Ukrainischen Sowjetrepublik zugeschlagen. Begleitet war dieses politische Diktat von einem umfassenden Bevölkerungsaustausch. Die meisten Juden waren vernichtet, die nichtjüdischen Deutschen von den Nazis ausgesiedelt worden; an ihrer Statt kamen Zehntausende Ukrainer ins Land, denen die gewachsene altösterreichisch-vielsprachige und zugleich jüdische Kulturtradition nichts bedeutete und auch, entsprechend dem stalinistischen Geschichtsbild, nichts bedeuten sollte. «Die Bukowina» als Kulturlandschaft wurde zum Phantom und Czernowitz, einst, in seiner goldenen Ära bis zum Ersten Weltkrieg, «Klein-Wien» genannt, zur Geisterstadt, wohl noch vorhanden und von Kriegseinwirkungen weitgehend verschont, aber auf Landkarten kaum noch auffindbar (der neue Name lautete Tschernowzy) und für Reisende nur unter Mühen erreichbar. Heute muß man sich weitläufig belesen, will man die eminent prägende Wirkung dieses vielsprachigen Kulturraums verstehen, der für die ganze erste Lebenshälfte der Erfahrungsraum von Paul Celan war; und nicht nur für ihn und zahllose «Buko-Wiener» Dichter: Wilhelm Reich, der abtrünnige Freud-Schüler, wuchs auf einem Landgut bei Czernowitz auf; Manès Sperber kam aus dem nahen Zablotów am Pruth, und auch der Biochemiker Erwin Chargaff ist ein Czernowitzer.

Sowohl Deutsche als auch Juden hatte es schon über Jahrhunderte in der Bukowina gegeben, noch als das Gebiet, als Teil des Fürstentums Moldau, zum gegenüber Juden durchaus toleranten Osmanischen Reich gehörte. Aber erst Joseph II. siedelte nach der 1775 vollzogenen Einverleibung der Bukowina in die Doppelmonarchie gezielt Deutsche an und forcierte gleichzeitig, aufgeklärt wie er war, die Ansiedlung jüdischer Familien auf dem Lande sowie die «bürgerliche Verbesserung der Juden» (C. W. Dohm) in den Städten. Gerade die Czernowitzer Juden lehnten sich ihrerseits eindeutig an die deutsche Kultur als ‹Leitkultur› an, ein Vorgang, der sich durch ihre rechtliche Gleichstellung im Jahre 1867 verstetigte. Die Juden stellten nach den Rumänen und Ruthenen (d.i. Ukrainern), die ungefähr je ein Drittel der Bevölkerung ausmachten, mit ca. 15 Prozent die drittgrößte

Historische Daten zur Bukowina

13. Jahrhundert   erste jüdische Besiedlung
Ende des 14. Jh.   erste urkundliche Erwähnung
1514   unter türkischer Oberhoheit
1775   zur Habsburger k.u.k. Monarchie
1849   Kronland
1867   gesetzliche Gleichstellung der Juden
1875   Eröffnung der Universität Czernowitz
1918   zum Königreich Rumänien. Amtssprache Rumänisch
20. Juli 1940   Einzug der Roten Armee
5. Juli 1941   Einzug rumänischer Truppen, am Tag darauf der Einsatzgruppe D (SS und SD)
11. Oktober 1941   Errichtung des Ghettos in Czernowitz. Deportationen
April 1944   Czernowitz und die Nordbukowina wieder sowjetisch besetzt
1945   das Gebiet wird endgültig Bestandteil der Ukrainischen Sowjetrepublik, während die Südbukowina bei Rumänien bleibt
1990   aus der Ukrainischen Sowjetrepublik wird der selbständige Staat Ukraine

Volksgruppe (in Czernowitz sogar über 40 Prozent) – und waren damit fast doppelt so zahlreich wie die sogenannten Volksdeutschen. Das brachte die deutschsprechenden Juden in der Bukowina in die Rolle des Wien nahestehenden eigentlichen ‹Staatsvolkes› – eine in der Donaumonarchie einmalige Situation. Deutschsprechende Juden waren nicht nur der Motor der kapitalistischen Entwicklung, als Fabrikbesitzer, wohlhabende Kaufleute und Gewerbetreibende, sie waren auch der Träger der staatlichen Verwaltung, des Gerichts- und Schulwesens, ab 1875 auch Professoren und Studenten der neugegründeten deutschsprachigen Universität; und sie dominierten die freien Berufe, stellten die meisten Ärzte und Anwälte. Dennoch konnte von Antisemitismus in der Bukowina bis in die 1870er Jahre hinein kaum die Rede sein. Erst dann erreichten immer stärkere Wellen antijüdischen Ressentiments, ausgehend von den einheimischen Rumänen und Ruthenen wie von dem immer aggressiveren Wiener Antisemitismus, das Buchenland. Sie kulminierten im Ersten Weltkrieg in von russischen Truppen inszenierten blutigen Pogromen und Synagogenbränden.

Seit der Jahrhundertwende muß man von zwei deutschen Kulturen in der Bukowina sprechen: einer ländlichen, rückwärtsgewandten, heimattümelnden Kultur (und Literatur) der Volksdeutschen und der zunehmend urbanen, an Wien orientierten, mehr intellektuellen Kultur der Czernowitzer deutschsprechenden Juden. So nannten jetzt auch böswillige deutschvölkische Stimmen Czernowitz gern «Klein-Jerusalem am Pruth». Dennoch hatte Alfred Margul-Sperber recht, als er 1936 betonte, daß die «Bukowiner jüdischen Dichter [...] dem Boden und dem Landschaftlichen viel stärker verhaftet» blieben, « als dies bei jüdischen Dichtern anderswo der Fall zu sein pflegt». So sei in den Gedichten noch eine unverwechselbare «innere Melodik» – ihr «Brunnenton» – zu finden.[22] Auch Celans frühe Lyrik hat, verfremdet, diesen Ton. Und noch im Band *Sprachgitter* findet sich, in Klammern gesetzt und so entrückt, die Aufforderung, sich an das heimatliche *Brunnenland* zu erinnern: *(Erzähl von den Brunnen, erzähl / von Brunnenkranz, Brunnenrad, von / Brunnenstuben – erzähl. [...])* (I, 188)

Der Ringplatz mit dem Rathaus in Czernowitz, 1927

Selbst nach 1918, als die k. u. k. Monarchie an ihr Ende kam und das Buchenland Landesteil des Königreichs Rumänien wurde, ist die Provinz noch beschienen vom Abglanz der «goldenen Jahre» von 1867 bis 1914, und das Deutsche bleibt Umgangssprache. Das kulturelle Milieu von Paul Celans Kindheit und Jugend ist ungleichzeitig zu den politischen Machtverhältnissen. Ja, man könnte pointiert sagen, daß der deutsch-jüdische Bevölkerungsanteil den Verlust an politischem und wirtschaftlichem Kapital nach 1918 durch maximale Investition von kulturellem Kapital auszugleichen versuchte.[23] Immer noch ist Czernowitz eine vielsprachige, an religiösen Bekenntnissen reiche, im wahrsten Sinne des Wortes multikulturelle Stadt – und damit übrigens alles andere als ein jüdisch-orthodoxes «Schtetl» oder ein Bestandteil «Halb-Asiens», wie K. E. Franzos liebevoll kritisch seine Heimat Galizien und die ländliche Bukowina genannt hatte.[24] Zwar existierte ein älteres kleines Judenviertel, aber ein Ghetto hatte es in Czernowitz nie gegeben. Die jüdische Bevölkerung verteilte sich über die ganze Stadt.

25

Die Silhouette der Türme dieser Stadt, die sich auf einem schmalen Berghang am Fuße der Karpaten hinaufzieht, erbaut in wenig mehr als einhundert Jahren, zeigt diese kulturell-religiöse Vielfalt selbst heute noch. Da gibt es, neben all den für die Hauptstadt eines Kronlandes als Verwaltungszentrum typischen Bauten, vor allem Gotteshäuser von einem Dutzend christlichen und nichtchristlichen Konfessionen. Zu den religiösen Versammlungsorten gesellen sich die der Nationen: prächtige Repräsentationsbauten der Ukrainer, der Rumänen, der Deutschen, der Juden und der Polen. Fast alle diese Gebäude, zumal die Synagogen, sind heute widersinnig genutzt – als Kinos, Lagerhäuser und Tanzsäle. Aber sie können der Erinnerung an eine Welt-Gegend aufhelfen, *in der Menschen und Bücher lebten* – so Paul Celan wiederum in seiner *Bremer Rede* (III, 185). Was (sofern man nicht an Hölderlin denkt) wie eine Platitüde klingen mag, hat tiefe Bedeutung: Zum einen ist damit auf all die verschwundenen, zumeist ermordeten Men-

Der Jüdische Tempel von Czernowitz ist heute ein Kino.

schen angespielt, zum anderen auf das heute weniger denn je Selbstverständliche, daß Bücher, Ideen, die Künste im Alltag eines Volkes eine lebenswichtige Rolle spielen. Und eben dieses Außergewöhnliche war in Czernowitz der Fall. «Czernowitz war eine Stadt von Schwärmern und Anhängern. Es ging ihnen, mit Schopenhauers Worten, ‹um das Interesse des Denkens, nicht um das Denken des Interesses›. […] Karl Kraus hatte in Czernowitz eine große Gemeinde von Bewunderern; man begegnete ihnen, die ‹Fackel› in der Hand, in den Straßen, Parks, Wäldern und an den Ufern des Pruth»[25] – wenn sie nicht gerade in einem der zahllosen Czernowitzer Kaffeehäuser nach ‹Wiener Modell› saßen und lasen, und war es nicht «Die Fackel», dann eine der fünf Czernowitzer deutschsprachigen Tageszeitungen oder eine der vielen ausliegenden europäischen Zeitungen von Rang. Kurz, Czernowitz war, zumal seitdem die deutschsprachige Universität gegründet worden war (die neben Riga östlichste in ganz Europa), bis an die Jahre 1940/41 heran eine hochkultivierte, wahrhaft europäische Stadt, in der die deutsch-jüdische Symbiose – wenn irgendwo überhaupt – für ein knappes Jahrhundert gelungen war.

In diese beinahe heile Welt wurde Paul Antschel (so Celans ursprünglicher Familienname) am 23. November 1920 hineingeboren.[26] Freilich gehörten die Eltern Antschel nicht zur deutsch-jüdischen intellektuellen Elite von Czernowitz. Sie waren Kleinbürger und lebten in bescheidenen Verhältnissen. Und es war ein weiter Weg, bis Paul Antschel-Celan, vor allem durch Freunde und deren kultivierte Elternhäuser, jene vielsprachige und umfassende Bildung erlangt hatte, die sein Werk grundiert. Die Vorfahren waren einerseits alteingesessene Bukowiner Juden, zum anderen waren sie ein oder zwei Generationen vorher aus Ostgalizien eingewandert. Der Vater Leo Antschel-Teitler war, 1890 geboren, in einem Dorf bei Czernowitz aufgewachsen und hatte eine streng orthodoxe Erziehung erhalten. Er hatte sich zum Bautechniker ausgebildet, mußte aber als Soldat in den Ersten Weltkrieg ziehen. Nach Kriegsende fand er keine Arbeit in seinem Beruf und entschloß sich, im Brennstoffhandel tätig zu werden. Und da Leo Antschel über keinerlei Kapital verfügte, wurde er Makler bzw. Vertreter einiger größerer Holzhandelsfirmen. In der Regel traf er sich in Cafés der Stadt mit seinen Geschäftspartnern. Paul Celans Mutter Friederike, genannt Fritzi, wurde 1895 als Tochter des Kaufmanns Philipp-Schraga Schrager in der Hochburg des Chassidismus Sadagora, keine fünfzehn Kilometer von Czernowitz entfernt, geboren. Auch ihre Eltern waren orthodoxe Juden, aber doch entschieden liberaler als die Antschel-Teitlers, weshalb, unter anderem, in ihrem Haus ein besseres Deutsch gesprochen wurde als in dem von Celans Großeltern väterlicherseits.

Während des Ersten Weltkriegs flohen beide großelterlichen Familien vor den russischen Truppen nach Böhmen. Celan spricht später in einem Gedicht vom *Dreijahreland deiner Mutter* (I, 285). So konnten Leo Antschel und Fritzi Schrager, die sich schon vor Kriegsbeginn verlobt hatten, erst nach der Rückkehr aller aus Böhmen Anfang des Jahres 1920 in Czernowitz heiraten. Fritzi Schrager hatte sich vorher über Jahre hin um ihre jüngeren Geschwister und den Haushalt kümmern müssen, was sie auch aufopferungsvoll tat und womit sie bestens auf die Gründung einer Familie vorbereitet war. Daß sie, die nach der Volksschule Handelskurse besucht, in einem kaufmännischen Büro und als Kinderpflegerin gearbeitet hatte, nun ihre Berufstätigkeit aufgab, galt damals als selbstverständlich. Allerdings war sie, gemessen an ihrem begrenzten schulischen Bildungsstand,

Die Mutter Fritzi Schrager, um 1916. Auf der Rückseite des Originals hat Celan notiert: «Mama, während des ersten Weltkriegs, in Böhmen –»

Der dreijährige Paul Antschel (vorn links) im Kreise seiner
Verwandten, Czernowitz 1923: In der hinteren Reihe (v. l.)
stehen die Eltern Fritzi und Leo Antschel, daneben Fritzis
Schwester Blanca Schrager (später verh. Berman). In der
vorderen Reihe sitzen die Großeltern mütterlicherseits, Rosa
und Philipp-Schraga Schrager

außergewöhnlich belesen. Die gemeinsame Begeisterung für
deutsche Dichtung sollte später eine entscheidende Dimension
der so engen Beziehung zwischen Mutter und Sohn sein.

Wie bescheiden die Wohnverhältnisse der Familie Antschel in den ersten fünfzehn Lebensjahren des Sohnes Paul
waren, vermag man sich heute kaum noch vorzustellen. In der
Dreizimmerwohnung im Erdgeschoß des Mietshauses Wassilkogasse 5, der Wohnung von Leo Antschels Vater, lebten jetzt
neben diesem (er war verwitwet) das junge Paar und ihr kleiner
Sohn sowie zwei jüngere, noch ledige Schwestern von Leo Antschel. Geschwister kamen nicht hinzu – Paul blieb, zu seinem
mehrfach geäußerten Bedauern, ein Einzelkind. Eine der beiden Großcousinen, die später auch noch in der engen Woh-

nung lebten, hat, wie viele andere, den Vater als ausgesprochen autoritär charakterisiert: «Pauls Vater übte im Hause strenge Zucht. Er war kein gütiger Mensch, er stellte hohe Ansprüche an seinen Sohn, bestrafte ihn, schlug ihn oft für jedes kindliche Vergehen. [...] Paul war ein sehr empfindsames Kind und litt wohl sehr unter der väterlichen Strenge.» [27] So ist zu verstehen, daß Paul Antschel späterhin sowohl das strenggläubige Judentum als auch die zionistische Utopie ablehnte, eben weil es der Vaterglaube, die väterliche Weltanschauung war. Und so gibt es nach dem Tod des Vaters im Herbst 1942 auch nur wenige Gedichte, die den Tod des Vaters ansprechen. Es sind *Schwarze Flocken*, *Mit Äxten spielend*, *Der Gast* und *Andenken*.

Minna, eine Schwester Leo Antschels, zog Anfang der dreißiger Jahre mit ihrem Mann nach Palästina; nicht so er selbst. Für ihn blieb die zionistische Sehnsucht bis an sein Lebensende unerfüllt. Gleichwohl waren Pauls Eltern «der jüdischen Tradition immer verbunden. Als typisch pragmatische Bukowiner erleichterten sie sich das Leben aber dort, wo sie keine Gefahr liefen, die Tradition allzu grob zu verletzen.» [28] Man zündete am Freitagabend eine Sabbatkerze an, man achtete im großen auf die Speisegesetze, und man ging an den hohen Feiertagen in den Tempel.

Wie stark die Bindung des Vaters an die jüdische Tradition war, wurde deutlich, als es um die Wahl der richtigen Schulbildung für den kleinen Paul ging. Zwar besuchte er zunächst den deutschsprachigen Meisler-Kindergarten und wurde anschließend in die gleichnamige – teure – Grundschule aufgenommen. Doch vom zweiten Schuljahr an schickte ihn der Vater auf die hebräische Volksschule, weil er das Schulgeld nicht mehr aufbringen konnte. Sie erschien ihm, nach der deutschen Schule, die am ehesten den Aufstieg in die ‹bessere Gesellschaft› versprach, immerhin als die zweitbeste Wahl. Paul besuchte diese Schule jedoch nur widerwillig, liebte die hebräische Unterrichtssprache, die «Vatersprache» (der Vater hatte Hebräisch als zweite Muttersprache gelernt), durchaus nicht und verschwieg später als Gymnasiast gegenüber seinen Mitschülern sogar diese drei Jahre gleichsam als Makel. Auch wenn dem Jungen Paul sein eigenes Assimilationsstreben noch kaum bewußt gewesen sein mag: Es war deutlich vorhanden.

Vom Herbst 1930 an, knapp zehnjährig, besuchte Paul Antschel nach Bestehen der Aufnahmeprüfung ein rumänisches Staatsgymnasium. Rumänisch als Unterrichtssprache bereitete ihm keine Schwierigkeiten, er hatte es schon in der Volksschule gelernt. Hebräisch mußte er zu seiner Erleichterung nur noch bei einem Hauslehrer lernen. Neu hinzu kam das Französische, das er sich rasch und bald vorzüglich aneignete. Bei einem Französisch-Wettbewerb erlangte er, mittlerweile vierzehn Jahre alt, gemeinsam mit der Freundin Malzia Kahwe den ersten Preis.[29] Auch in den meisten anderen Fächern, so zum Beispiel in der damals stark beschreibend orientierten Pflanzen- und Tierkunde, waren seine Leistungen so gut, daß er zum Primus aufrückte und von manchen für einen Streber gehalten wurde. Seine größte Neigung galt jedoch schon früh dem Lesen, den schönen Büchern – angefangen bei den Märchenbüchern, die ihm seine Tante Berta Antschel aus Wien schickte (sie ging später nach London, wo Paul Celan sie des öfteren besuchte), über Abenteuer- und Indianerbücher bis hin zum Fundus der klassischen deutschen Literatur, aber auch zum Beispiel jiddischer Literatur. Paul Antschel sprach diese Sprache zwar nie und hielt sie für bedenklich, als «Jargon aus der Judengasse» dem Ziel der vollen Assimilation an die hochdeutsche Kultur hinderlich, aber er spürte gleichwohl die lebendige Schönheit des Jiddischen.

Bis zu seinem zwölften Lebensjahr hatte der schon nicht mehr so kleine Paul in einem Gitterbett im Elternzimmer schlafen müssen. 1933 leerte sich die Wohnung, als die beiden Großcousinen die Stadt verließen und Minna Antschel nach Palästina auswanderte. Endlich hatte Paul ein Zimmer für sich allein. Das Jahr brachte – von den Ereignissen in Deutschland abgesehen, deren existentielle Bedeutung der dreizehnjährige Junge noch nicht ahnen konnte – auch sonst bedeutsame Veränderungen. Paul bestand das «Kleine Baccalaureat», trotzte dem Vater ein Ende der Hebräischstunden ab und nahm an der

«Bar-Mizwa» (gleichsam der jüdischen Konfirmation[30]) teil. Damit war er zum vollwertigen Mitglied der jüdischen Religionsgemeinschaft geworden. Aber der junge Paul Antschel erlebte diesen Tag im entgegengesetzten Sinne: als einen Tag der Befreiung von der Verpflichtung, sich den religiösen Geboten unterwerfen zu müssen. Nie mehr, bis an sein Lebensende, hat er aktiv an einem Gottesdienst teilgenommen.

In diesen Jahren fand der Junge Freunde, die ihm ein Leben lang wichtig bleiben sollten. In früheren Sommerferien war ihm sein jüngerer Wiener Vetter Paul Schafler ein guter Kamerad geworden (dieser besuchte ihn, inzwischen Brite geworden, 1950 in Paris), jetzt begann eine zweite Ferienfreundschaft mit Manuel Singer, der 1938 sein Studienkollege in Tours wurde und später nach Israel auswanderte. Wichtiger noch wurden, lebenslang, Gustav (genannt Gustl) Chomed, ein Klassenkamerad für fünf Jahre, und Erich Einhorn, der ein anderes Gymnasium besuchte. Die Familien beider Freunde standen sozial über den Antschels, was aber der engen Freundschaft der drei keinen Abbruch tat. Gemeinsam durchstreifte man die Stadt und die schöne Umgebung, schöpfte Wasser aus einem alten Ziehbrunnen im Hof des Chomed-Hauses (wo es noch kein fließend Wasser gab) oder rodelte im Winter den Töpferberg hinab. In späteren Jahren kamen gemeinsame Sommerferien mit (auch nächtlichen) Wanderungen in den Karpaten hinzu.

Ein Jahr nach dem «Kleinen Baccalaureat» verließ Paul Antschel 1935 das rumänische Gymnasium (wobei die antisemitischen Tendenzen in der Lehrerschaft mitentscheidend für den Wechsel waren) und ging ans Vierte oder Ukrainische Gymnasium.[31] Hier war die Mehrzahl der Schüler jüdisch und nur eine Minderheit ukrainisch. Latein und, im letzten Schuljahr, Englisch kamen als Fremdsprachen hinzu. Die Unterrichtssprache war generell rumänisch, der Deutschunterricht hatte für Schüler mit der Muttersprache Deutsch eine herausgehobene Stellung. Dies kam den Interessen des jungen Paul sehr entgegen, und so konnte er in diesen Jahren eine weitgespannte literarische Bildung erwerben, in der die Klassiker

Paul Antschel, knapp vierzehnjährig, mit Freunden beim
Schwimmen am Pruth-Ufer in Czernowitz, 1934.
V. r.: Paul Antschel, Malzia Kahwe (verh. Fischmann),
Ruth Glasberg (verh. Tal) und Ernst Engler

Lessing, Goethe und Schiller dominierten. Kleist, Hölderlin,
Heine und die Romantiker, im letzten Schuljahr Nietzsche,
kamen hinzu. Doch schon bald war Rainer Maria Rilke der un-
umstrittene Lieblingsdichter des jungen Paul Antschel, und
das sollte noch zwei Jahrzehnte so bleiben. Ohne Zweifel war
Dichtung, und insbesondere Lyrik, für den Jüngling (der nun,
um das Jahr 1935, auch selbst zu dichten anfing) zunächst ein
Medium der Poetisierung und Romantisierung der Welt – wie
für alle Bukowiner Lyriker der älteren und seiner eigenen Generation. Zwar erreichten ihn die modernen Franzosen Baude-
laire, Verlaine, Rimbaud, Mallarmé, Apollinaire und Valéry,
und er las Hofmannsthal, George, Kafka (der ihm im Laufe seines Lebens immer wichtiger wurde) und die Expressionisten,
Georg Trakl zumal, aber der Impetus der radikalen Avant-
gardebewegungen – Futurismus, Dadaismus und auch noch
Surrealismus – und ihr ins Gewalttätige gehender Umgang mit
der Sprache als einem verfügbaren Material ist Paul Antschel

damals wohl ebenso fremd gewesen wie die zeitgenössische neusachliche oder explizit politische Literatur. Auch wenn bis an das Jahr 1938 heran keine Gedichte des Gymnasiasten Antschel erhalten sind[32]: eine starke Prägung des beginnenden Lyrikers durch seine noch heile altösterreichisch-bukowinische Umgebung und ihr vormodernes Dichtungsideal war gewiß gegeben.

Ein wichtiger Ort der Beschäftigung mit Dichtung waren für den Gymnasiasten Antschel Lesezirkel, in denen er, häufig in der freien Natur, begeistert Gedichte rezitierte und zuweilen auch in das Gelesene einführte. Freilich waren die dem Jüngling andächtig Lauschenden ausschließlich Mädchen. Die Jungen, auch die engeren Freunde, belächelten solche poetischen Séancen eher, oder sie hielten sich zumindest in scheuer Bewunderung fern. Damit ist aber auch auf ein psychisches Problem hingewiesen, das den Heranwachsenden beschwert hat. Er hatte seine Jungen-Freunde, ein Kreis für sich, und er hatte, davon abgetrennt, seine schwärmerischen Mädchenzirkel, wobei seine Mädchenfreundschaften dieser Zeit – mit Edith Horowitz (deren Vater promovierter Germanist war und den Freund der Tochter, wie auch Immanuel Weißglas, großzügig seine umfängliche Bibliothek benutzen ließ) oder Ruth Glasberg, mit Malzia Kahwe oder Ruth Kaswan – wohl fast alle gänzlich platonischen Charakter hatten.

Die dominante emotionale Bindung war immer noch die zur über alles geliebten, schönen Mutter, die ihrerseits die vielversprechende Entwicklung des hochbegabten Sohnes und einzigen Kindes mit steter Wärme und großer Genugtuung begleitete. Ein wichtiges Moment dieser emotionalen Begleitung war die mütterliche ‹Begutachtung› der Freunde beiderlei Geschlechts, die Celan mit nach Hause brachte (und dieses Zuhause war seit 1935 eine kleine Eigentumswohnung der Familie Antschel in einem neuen Wohnviertel, in der Masarykgasse 10). Die 1979 von Israel Chalfen vorgetragene Hypothese von einer «intensiven Mutterbindung» des Jünglings, «in der sein ganzes Gefühlsleben aufging», hat seither nicht an Überzeugungskraft verloren, wie noch die Jahre 1938 bis 1944 zeigen.

In der Tat gewinnt man den Eindruck, daß in diesen Jahren «alles grob Sexuelle» aus Celans Gefühlsleben «verdrängt oder in die ideale Liebesbeziehung zur Mutter verwandelt» war.[33] Damit war aber auch der junge Mann, der ja für schöne Mädchen durchaus schwärmte und seinerseits, von graziler Statur und melancholischem Charme, von ihnen umschwärmt war, auf Jahre hinaus beträchtlich darin gehemmt, erotisch erfüllte Beziehungen einzugehen. In gewisser Weise hat sich die Dyade von Paul und Fritzi Antschel lebenslang erhalten, wie der spätere Lebenslauf und mehrere ergreifende Gedichte zeigen.

Eine wichtige Dimension von Paul Antschels Gymnasiastenzeit war sein politisches und soziales Engagement. Wohl schon 1934/35 war er ohne Wissen oder Einverständnis seiner Eltern Mitglied einer illegalen kommunistischen Jugendorganisation geworden und arbeitete aktiv mit an der Herausgabe einer «roten» Schülerzeitschrift in rumänischer Sprache. Man traf sich jeden Samstagnachmittag und sang Revolutions- und Landsknechtslieder. Man las (und druckte) Karl Marx, Kautsky und Rosa Luxemburg, aber auch Graf Kropotkin und Gustav Landauer – schon damals waren es besonders die Anarchisten, die es dem jungen Antschel angetan hatten,

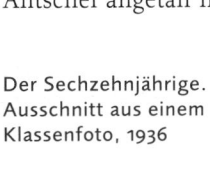

Der Sechzehnjährige.
Ausschnitt aus einem
Klassenfoto, 1936

und noch in seiner *Meridian*-Rede hält er das für erwähnenswert (III, 190). Die Debatten waren kontrovers und hitzig, und Paul Antschel war kein einfacher junger Genosse. «Paul konnte sehr lustig und ausgelassen sein», so die lebenslange Freundin Edith Silbermann (geb. Horowitz), «aber seine Stimmung schlug oft jäh um, und dann wurde er entweder grüblerisch, in sich gekehrt oder ironisch, sarkastisch. Er war ein leicht verstimmbares Instrument, von mimosenhafter Empfindsamkeit, narzißtischer Eitelkeit, unduldsam, wenn ihm etwas wider den Strich ging oder jemand ihm nicht paßte, zu keinerlei Konzession bereit. Das trug ihm oft den Ruf ein, hochmütig zu sein.»[34]

Im Juni 1938, noch nicht achtzehnjährig, legte Paul Antschel das Abitur ab – durchaus nicht mit den glänzenden Leistungen, die er noch wenige Jahre vorher aufzuweisen hatte. Zu vieles andere war ihm mittlerweile wichtiger geworden als die Schule. Daß er studieren sollte, war der Wunsch der Eltern wie sein eigener. Die Eltern favorisierten den Arztberuf, «was für einen rumänischen Juden noch als der aussichtsreichste Beruf galt»[35]. Nach anfänglichem Zögern willigte der Sohn ein, Medizin zu studieren, wenngleich er Naturwissenschaften, vor allem Botanik, vorgezogen hätte. Da die Universität Czernowitz keine medizinische Fakultät hatte, die anderen rumänischen Hochschulen einen engen Numerus clausus für Juden verhängt hatten und ein Studium im «Großdeutschen Reich» ohnehin nicht in Frage kam, ging er, wie viele in seiner Lage, nach Frankreich, an die Universität von Tours.

So trat der junge Mann am 9. November 1938 die erste große Reise seines Lebens an. Daß dies ein *Datum* von weltgeschichtlicher Bedeutung, und zugleich von höchster Bedeutung für ihn und die Seinen, werden würde, konnte er am nächsten Tag ahnen, wenn auch noch nicht klar wissen. Denn seine Zugfahrt führte ihn quer durch Polen über Krakau nach Berlin. Am Morgen des 10. November – der Terror der «Reichskristallnacht» war kaum vorbei – erreichte er, der Antisemitismus bislang nur in relativ harmloser Form auf dem rumänischen Gymnasium kennengelernt hatte, den Anhalter

Bahnhof. Später erinnerte er sich dieses Tages: *Über Krakau / bist du gekommen, am Anhalter / Bahnhof / floß deinen Blicken ein Rauch zu, / der war schon von morgen.* (I, 283)[36]

Am Tag darauf lernte Antschel die Stadt kennen, in der er später 22 Jahre seines Lebens verbringen sollte: Paris. Ein Freund aus dem kommunistischen Jugendzirkel von Czernowitz, Leonid Miller (inzwischen selbst Medizinstudent), empfing ihn; wohnen konnte er beim Onkel Bruno Schrager in der Rue d'École im Quartier Latin. Einige Tage genoß der junge Mann unbeschwert die Metropole, dann mußte er nach Tours weiterreisen und sein Studium aufnehmen. Es war dies natürlich noch kein eigentliches Medizinstudium, sondern die übliche, ganz schulmäßige Propädeutik in den Naturwissenschaften. Paul Antschel kam wohl seinen akademischen Pflichten nach, aber erkennbar ohne Begeisterung. Anderes wurde bald wichtiger, nämlich, wie schon früher und auch später, *Menschen und Bücher.*

Zunächst wohnte er mit dem Czernowitzer Freund Manuel Singer zusammen, später allein. Rasch gewann er neue Freunde; vor allem der aus Deutschland stammende, 1933 nach Palästina emigrierte Jude Eliyahu Pinter, der gerade ein Praktikum der Urbanistik absolvierte, stand ihm bald nahe. Man ging zusammen spazieren, saß lange im Café und sprach über Dichtung, alte und neue. Antschel las weiterhin deutsche Literatur, aber natürlich auch die aktuelle französische: Marcel Proust, Romain Rolland und André Gide, die ersten Werke von Louis-Ferdinand Céline, Julien Green und Albert Camus. Die Surrealisten – André Breton, Paul Eluard, Louis Aragon und andere – faszinierten ihn, aber doch nicht so, daß er sein eigenes Schreiben fortan dieser ‹Richtung› vollständig ausgeliefert hätte. Shakespeares Sonette begannen ihn zu beschäftigen, wobei ihn die berühmten Übersetzungen von Karl Kraus und Friedrich Gundolf sowie Stefan Georges «Umdichtungen» durchaus nicht zufriedenstellten.

Über Weihnachten 1938 war Antschel ein zweites Mal in Paris. Erich Einhorn, der enge Freund, war zu Besuch gekommen. Die lange geplante Visite bei Tante Berta Antschel in

Erich Einhorn, um 1938/39

London fand dann erst in den Osterferien 1939 statt. Zwar wurde London, anders als Paris, nie eine Stadt nach dem Herzen Paul Celans, und doch ist bemerkenswert, mit welcher Regelmäßigkeit der Autor späterhin, von 1948 bis fast an sein Lebensende, diese Stadt immer wieder besucht hat.

Im Juli 1939 bestand Paul Antschel die fälligen Examina und fuhr nach Czernowitz zurück – mit dem festen Vorsatz, zum Herbst sein Studium in Tours fortzusetzen. Doch dazu sollte es nicht mehr kommen. Deutschlands Überfall auf Polen, der Beginn des Zweiten Weltkriegs machten die Rückkehr des jungen Mannes nach Frankreich, damit aber auch eine Fortsetzung des Medizinstudiums, unmöglich.

Man darf die Bedeutung der ungefähr acht Monate, die Antschel in der Provinzstadt Tours verbracht hat, nicht überschätzen. Und doch war sein ‹französisches Jahr› etwas, woran er knapp zehn Jahre später, als er nach Paris übersiedelte, anknüpfen konnte. Die Fremde war nicht nur unwirtlich.

Aus dem Aspiranten der Medizin wurde also, zunächst gezwungenermaßen, dann aus Neigung, ein Philologiestudent. Paul Antschel immatrikulierte sich an der Universität Czernowitz für Romanistik und widmete sich dem Fach im Studienjahr 1939/40 intensiv. Vor allem aber freute er sich, das gesellige und literarische Leben aus den Jahren zuvor fortsetzen zu können, fast so, als hätte es keine Unterbrechung gegeben. Das erste Weltkriegsjahr 1939/40 wurde, es mag merkwürdig klingen, zu einem unverhofft geschenkten, kaum beschwerten letzten Jugendjahr. Czernowitz war im Jahr 1939 und fast noch die ganze erste Jahreshälfte 1940 in einem Zustand merkwürdiger Ruhe.

Es war die Ruhe vor dem Sturm. Ende Juni 1940 besetzte die Rote Armee, gemäß dem Hitler-Stalin-Pakt, die nördliche Bukowina und versprach der Bevölkerung eine gute neue Ordnung. Zu spüren waren davon nur Reglementierungen: die Einführung der Amtssprache Russisch und die Anpassung des Bildungswesens an das sowjetische. Immerhin ließen die neuen Herren die Juden in Ruhe, freilich nur bis zum 13. Juni 1941: Jetzt wurden in einer Nacht ca. 3800 Nordbukowiner nach Sibirien deportiert, unter ihnen etwa 70 Prozent Juden – gebrandmarkt als Zionisten, Revisionisten, Kapitalisten, Gutsbesitzer und nicht zuletzt und groteskerweise: als Freunde Nazideutschlands. In dieser Nacht lernten die Czernowitzer Juden gleichsam die Vorhölle kennen, auf die alsbald die wirkliche, die Nazihölle folgte.

Auf den ersten Blick muß es überraschen, daß sich, nur wenige Tage nach dieser Verschleppung, eine größere Anzahl jüdischer Studenten aus freien Stücken mit der Universität Czernowitz evakuieren ließ und, gemeinsam mit den vor den deutschen und rumänischen Truppen zurückweichenden Rotarmisten, in die Sowjetunion ging. Unter ihnen waren die beiden besten Freunde des jungen Antschel, Gustav Chomed und Erich Einhorn, und auch Malzia Kahwe. Dabei machte sich gerade Einhorn, wenn er auch ein schwärmerischer Sozialist wie Antschel und viele andere war, keine Illusionen über das Reich Stalins. So ist anzunehmen, daß Leute wie Einhorn nüchtern und völlig realistisch voraussahen, daß der Naziterror für Juden noch um vieles übler sein würde als der der Stalinisten.[37] Es dauerte acht Jahre, bis der Faden dieser Freundschaft wieder aufgenommen werden konnte – um bald darauf erneut abzureißen.

Paul Antschel hatte im «Russenjahr» 1940/41 zur Romanistik das Fach Russisch hinzugenommen und war in der neuen Fremdsprache rasch versiert. Das entscheidende Ereignis des Sommers 1940 war jedoch ein privates. Antschel lernte die

Daisy,
Baien-wort, Ban-wort, Ban-wool.
Benner- gowan. Bone-flower.
Bruise-wort. Ewe-gowan,
Herb Margaret, gowan.
Marguerite, May-gowan

(Bellis perennis var. prolifera:)
    Apes-on-horse-back,
    "Hen-and-chickens" daisy

маргаритка

Рäгälüte

Pâquerette,
Petite Marguerite

2

Gänseblümchen
    Maßliebchen, Tausendschön,
Osterblümchen, Sommertürchen,
Herzblümchen, Hündskraut

Eine Seite aus «Das kleine Blumenbuch» von Robert Koch und
Fritz Kredel (erschienen 1933 in der Insel-Bücherei, Band 281).
Das Bändchen enthält 58 farbige Blumendarstellungen. Celan
hat in seinem Exemplar, das er Ruth Lackner schenkte, neben
die deutschen Bezeichnungen die Namen der jeweiligen Blume
in vier Sprachen hinzugefügt

am neuen jiddischen Theater beschäftigte, schon einmal verheiratete Schauspielerin Ruth Lackner kennen, und es entstand binnen kurzem eine Beziehung von großer Nähe, die freilich nicht eine erfüllte Liebesbeziehung genannt werden kann.[38] Der Verehrer holte die junge Frau regelmäßig nach dem Theater ab, unternahm lange Spaziergänge mit ihr und las ihr – nun vor allem eigene – Gedichte vor. Immer häufiger waren die Gedichte an die geliebte Ruth gerichtet, die ihn so gut verstand und seinen poetischen Enthusiasmus teilte. Dabei gilt verstärkt, was schon in den Jahren zuvor zu bemerken war: Paul Antschel zeigte alle Merkmale eines flammenden Liebhabers – er konnte zum Beispiel sehr eifersüchtig sein –, aber «Liebe bedeutete für Paul etwas hoch in den Sternen Angesiedeltes, das dem irdischen Leben entrückt war»[39]. Wiederum wird man sich Chalfens Vermutung kaum verschließen können, daß die unvermindert starke Mutterbindung einer Befreiung des Eros noch bei dem Mann von Anfang Zwanzig im Wege stand. *Es ist meine Schwester, es ist meine Liebste*, heißt es in dem Gedicht *Legende* (Frühwerk, 20).

In die Jahre von 1938 bis 1940/41 ist nun schon eine größere Zahl erhaltener Gedichte von Antschel verläßlich zu datieren. Einerseits stehen die Anfänge des jungen Autors spürbar im engen Zusammenhang mit der Bukowiner Lyrik der vergangenen zwei, drei Jahrzehnte, der Peter Demetz mit Recht ihre «anachronistische Loyalität zur deutschen klassisch-romantischen Tradition» vorgeworfen hat.[40] Dieses Urteil gilt selbst für ihre besten, weltläufigen Vertreter wie Alfred Margul-Sperber und Rosalie Scherzer (die spätere Rose Ausländer), deren Erstling «Der Regenbogen» 1939 erschien. Naturschwärmerei, Harmoniestreben und ein Verharren in der traditionellen, metrisch regelmäßigen Reimstrophe wie in geläufiger Bildlichkeit kennzeichnen diese Lyrik, von Ausnahmen abgesehen. Poetisierung, Romantisierung der Welt ist ihr nicht in Frage gestelltes Ziel.

Solche Merkmale, dazu einen deutlichen Hang zum Preziösen (das Lieblingswort ist *silbern*), weisen auch viele von Antschels frühen Gedichten auf, aber eben doch nicht nur.

Rose Scherzer-Ausländer

Zumal sind literarische Anleihen «bei Antschel meist bewußter». Die ohnehin typisch bukowinische «Literaturbesessenheit», «Literaturhaltigkeit» seiner Texte macht einen durchweg kalkulierten Eindruck.[41] Antschel verfremdet immer häufiger überkommene romantische Stereotype, ja er zerstört sie gezielt; so in dem wohl um 1940/41 geschriebenen Gedicht *Notturno*. Zwar ist in Texten wie diesem das Thema Verfall und Tod «bukowinisch», aber es wird, mit Hilfe suggestiv-drastischer, expressionistischer Bilder, entromantisiert. Noch regiert die Reimstrophe (und dies noch für Jahre), aber sie wird, wie bei Georg Heym oder Georg Trakl, konterkariert durch die verstörende Bildlichkeit; so zum Beispiel auch in dem Kriegsgedicht *Schöner Oktober*, das «unverhohlen auf Trakls letztes [Kriegs-]Gedicht ‹Grodek› Bezug» nimmt.[42] Paul Antschel verschließt sich schon in diesen Jahren, bis 1942, nicht den erschreckenden Ereignissen der Zeitgeschichte, aber noch erscheint es ihm möglich, sie in tradierte lyrische Formen zu integrieren.

MUTTERSPRACHE – MÖRDERSPRACHE [42a]

Die Jahre 1940–1945 Mit dem Überfall der deutschen Wehrmacht auf die Sowjetunion am 21. Juni 1941 entschied sich auch das Schicksal der Juden in der Bukowina. Rumänien, jetzt unter General Antonescu, erklärte der Sowjetunion schon am Tag danach den Krieg und wurde zum Verbündeten der Deutschen. Die Rote Armee räumte die besetzten Gebiete fluchtartig. Anfang Juli begann, ohne daß es nennenswerten Widerstand gegeben hätte, die rumänisch-deutsche Schrekkensherrschaft, eine nicht abreißende Kette von Akten des Terrors, der Erniedrigung, der Vertreibung und des Mordes. Bereits einen Tag nach dem Einzug der rumänischen Truppen in Czernowitz am 6. Juli 1941 folgte die sogenannte Einsatzgruppe D, eine Spezialeinheit aus SS und SD, deren Aufgabe die Liquidierung der jüdischen Bevölkerung war. Der Jüdische Tempel wurde niedergebrannt, die Oberhäupter der Kultusgemeinde wurden umgebracht. Am 29. August konnte der SS-Befehlshaber Otto Ohlendorf nach Berlin melden: «In Czernowitz und bei Durchkämmen ostwärts Dnjester weitere 3106 Juden und 34 Kommunisten liquidiert.»[43] Wer am Leben geblieben war (und das war noch die große Mehrheit), mußte den Judenstern tragen und Zwangsarbeit leisten.

Mit der Errichtung des Ghettos im alten Judenviertel am 11. Oktober 1941 begann die zweite Phase des Terrors gegen die Czernowitzer Juden. 45 000 Menschen wurden, umzäunt von hohen Bretterplanken und Stacheldraht, auf engstem Raum zusammengepfercht und für die schubweise Deportation bereitgehalten. Etwa 15 000 Bleibeerlaubnisse wurden für diejenigen ausgestellt, die für lebenswichtige Arbeiten in der Stadt benötigt wurden. Tausende der übrigen wurden im Lauf des Herbstes *Verbracht ins / Gelände / mit der untrüglichen Spur* (I, 197) – deportiert in Lager zwischen den Flüssen Dnjestr und Bug, das sogenannte Transnistrien.

Im Winter 1941/42 kam es zu einer vorübergehenden Beruhigung der Lage; das Ghetto wurde wieder aufgelöst, und erst im Juni 1942 setzten die Deportationen wieder ein. Jetzt war auch die Familie Antschel, die mittlerweile in die alte Wohnung zurückgekehrt war, unmittelbar gefährdet, und Paul, der während all dieser Monate hatte Zwangsarbeit leisten müssen, versuchte eindringlich, dies seinen Eltern klarzumachen. Er wollte sie überreden, übers Wochenende ein Versteck aufzusuchen (Ruth Lackner hatte einen kleinen rumänischen

Unternehmer gewinnen können, sein Fabrikgebäude zur Verfügung zu stellen, und Paul versteckte sich auch dort), aber vergeblich. An einem Montag Ende Juni kam er in die elterliche Wohnung zurück – die Deportationen fanden immer an den Wochenenden statt – und mußte sehen, daß seine Eltern verschwunden waren.

Kurz darauf, im Juli, hörten die «Verbringungen» wieder auf. Paul Antschel wurde einem von den Rumänen neu eingerichteten Arbeitsdienst für jüdische Männer zugeteilt, was immerhin Schutz vor der immer noch möglichen Deportation nach Transnistrien oder gar in ein deutsches KZ bedeutete. So verbrachte er die folgenden eineinhalb Jahre, bis zum Februar 1944, in dem Arbeitslager Tabăreşti bei Buzau in der südlichen Moldau, wo er zu Straßenbauarbeiten eingesetzt wurde. «Fragte man Paul während eines Urlaubs in der Stadt, was er im Lager mache, antwortete er lakonisch: ‹Schaufeln!›»[44] Er war eine blasse, ernste «El Greco-Gestalt» geworden, «verdüstert und wortkarg, bis er wieder fortmußte» – so die Freundin Edith Horowitz, in deren Elternhaus Antschel während seiner kurzen Czernowitz-Besuche Aufnahme fand.[45] In seinem ersten Brief aus Tabăreşti an Ruth Lackner hatte er geschrieben: *Nein, Ruth, ich verzweifle nicht. Aber meine Mutter tut mir leid, sie war so krank in der letzten Zeit, sie denkt sicherlich fortwährend, wie es mir geht, und so ohne Abschied bin ich weg, wahrscheinlich für immer.*[46]

Paul Antschel sollte recht behalten. Er sah seine Mutter und auch seinen Vater – beide waren in das von Deutschen befehligte Lager Michailowka östlich des Bug verbracht worden – nie wieder. In einem

Edith Horowitz (später verh. Silbermann), 1940

Brief vom 28. März 1943 schrieb er an die Freundin: *Es soll nun Frühling werden, Ruth ... Seit ungefähr zwei Jahren fühle ich nicht mehr Jahreszeiten und Blumen, und Nächte und Verwandlungen überhaupt.*[47] Inzwischen hatte ihn, im Spätherbst 1942, im Arbeitslager die Nachricht vom Tod des Vaters erreicht, möglicherweise in einem Brief der Mutter, herübergeschmuggelt durch einen Kurier.[48] Ob der Vater im Herbst 1942 an Typhus starb[49] oder erschossen

Ruth Lackner (Kraft)

wurde, ist bis heute unklar. Die Mutter ist jedenfalls im anschließenden Winter 1942/43 durch Genickschuß umgebracht worden. Diese Nachricht soll der Sohn noch im gleichen Winter durch einen aus Transnistrien geflüchteten Verwandten erhalten haben. Vor kurzem ist auch ein erschütternder Brief von Antschels eigener Hand aufgetaucht, der von der Ermordung der Eltern spricht. Paul Antschel war, bald nach seiner endgültigen Rückkehr aus Tabăreşti im Februar 1944, im ab April 1944 wieder sowjetisch regierten Czernowitz als Arzthelfer in der psychiatrischen Klinik angestellt worden und hatte auch einmal einen Krankentransport nach Kiew zu begleiten. Von dort schrieb er am 1. Juli 1944 an seinen mittlerweile in Rostow am Don studierenden Freund Erich Einhorn:

> *Lieber Erich,*
> *ich bin für zwei Tage in Kiew (auf Kommandirowka [d. i. Dienstreise]) und freue mich auf die Gelegenheit, Dir einen Brief zu schreiben, der Dich rasch erreicht.*

45

Deine Eltern sind gesund, Erich, ich habe mit ihnen gesprochen, bevor ich hergekommen bin. Das ist sehr viel, Erich, Du kannst Dir nicht vorstellen, wie viel.

Meine Eltern sind von den Deutschen erschossen worden. In Krasnopolka am Bug. Erich, ach Erich. [...] Ich habe nur Demütigungen erlebt und Leere, unendliche Leere. Vielleicht kannst Du nachhause kommen. [...]

Ich umarme Dich, Erich,
Dein alter
Paul [50]

Der Brief zeigt, wie unendlich tief Paul Antschel vom Verlust der Eltern getroffen war – und daß er sich mit d e n jüdischen Altersgenossen verglich, deren Eltern überlebt hatten; entweder weil sie, wie die Eltern Einhorns, schon mit Glück der Deportation entgangen waren, oder weil sie, nach Transnistrien verbracht, dort überstehen konnten, vielleicht sogar mit Hilfe ihrer jungen, körperlich robusteren Söhne. Das Schlimmste,

Paul Antschel,
um 1941 / 42

was geschehen konnte, war, aus dem rumänischen Machtbereich Transnistrien (zwischen Dnjestr und Bug) in den deutschen Machtbereich des «Reichkommissariats Ukraine» (östlich des Bug) deportiert zu werden. Dort warteten Lager, in denen die Menschen durch Sklavenarbeit und Krankheit schonungslos ausgerottet wurden; dort wartete die SS. Eben dorthin, wo kaum jemand überlebte, hatte man Leo und Fritzi Antschel, wie auch Pauls Großcousine Selma Meerbaum-Eisinger, die im Dezember 1942 an Typhus starb, gebracht. So mußte es Paul Antschel besonders treffen, als er im Frühjahr 1944 den ehemaligen Schulkameraden Immanuel Weißglas in Czernowitz wiedertraf – die Überlebenden der transnistrischen Lager kamen jetzt zurück – und erzählen hörte, wie es ihm gelungen sei, seiner alten Mutter in Transnistrien, während der Odyssee von Lager zu Lager, beistehen zu können.[51]

Das sogenannte Überlebensschuld-Syndrom (survivor guilt) derjenigen europäischen Juden, die dem ihnen zugedachten Todesurteil durch die Nazis mit Glück entgangen sind, ist ein furchtbares Erbe der NS-Herrschaft. Daß Paul Antschel-Celan diesem Schuldgefühl seinen ermordeten Eltern gegenüber lebenslang ausgesetzt war, geht aus allem hervor, was wir über ihn wissen. Und es half ihm dabei gar nichts zu wissen, daß diese persönliche Zurechnung einer Schuld, die nur die der deutschen Nazis und ihrer rumänischen Kumpane war, letztlich grundlos war.

Auch wenn die genauen Sterbedaten der Eltern Antschel unbekannt sind, läßt sich sagen, daß mit ihnen das entscheidende *Datum* der Dichtung von Paul Antschel-Celan gesetzt ist – symbolisch aufgehoben in jenem *20. Jänner* (1942), von dem eingangs die Rede war. Die Ermordung der Eltern markiert einen Bruch im Leben wie im Dichten des jungen Mannes. Die frühe Lyrik Antschels war vor allem Liebeslyrik, wenngleich der Tod schon ein wichtiges Motiv war. Jetzt aber beginnt eine nie wieder aufgehobene Verflechtung von Totengedenken, jüdischem Thema und poetologischer Reflexion im Gedicht, die auch noch die Liebesgedichte durchzieht. Mit der Ermordung der Eltern war die so geliebte Muttersprache (im wörtlichen Sinne) zur Mördersprache geworden, und es gab nicht nur einen Mörder, sondern ein ganzes Volk potentieller Mörder, das diese deutsche Sprache sprach und dem sie, bei seiner Meisterschaft im Töten, als nützliches Werkzeug diente. War es dann noch erlaubt, sich, als Jude, dieser Sprache zu bedienen als Medium der Poesie? So fragt sich der Autor am Ende des vermutlich 1944 entstandenen Gedichts *Nähe der Gräber*, das schon eingangs die Mutter explizit anspricht: *Und duldest du, Mutter, wie einst, ach, daheim, / den leisen, den deutschen, den schmerzlichen Reim?* (III, 20)

Das Gedicht selbst ist noch, wie manches andere in dieser Zeit, gereimt. In den folgenden Jahren wird der Dichter zunehmend zurückhaltender, was die Verwendung des Reims angeht, bis derselbe eines Tages, spätestens in *Die Niemandsrose*, nur noch verfremdendes, Irritation auslösendes Formzitat sein wird. Doch wird das Wort *Reim* in diesem Gedicht ohnehin als ein Pars pro toto gebraucht, bei dem die deutsche Sprache generell mitzudenken ist. Sie als ganze, mit allen ihren wunderbaren, reichen Traditionen, wird in Frage gestellt, wie zumal die wenig später entstandene *Todesfuge* zeigt. Doch soll der Blick zunächst auf jenes Motiv, mehr: auf jenen beinahe magischen Fluchtpunkt gelenkt werden, den die meisten Gedichte seit 1943 implizit und nicht wenige von ihnen explizit haben – die Gestalt der Mutter.

Einige der ergreifendsten Gedichte Celans aus den Jahren 1943 bis 1946 sind, nachdem bereits zwei seiner frühesten «Muttertags-Gedichte» waren (1938/39), solche, die die ermordete Mutter unverhüllt ansprechen oder nennen: *Winter [Es fällt nun, Mutter, Schnee in der Ukraine]*, *Nähe der Gräber*, *Schwarze Flocken [Mutter]*, *Espenbaum*. In den Jahren 1948 bis 1959 folgen unter anderen *Die Hand voller Stunden*, *So bist du*

> Sie, die Sprache, blieb unverloren, ja, trotz allem. Aber sie mußte nun hindurchgehen durch ihre eigenen Antwortlosigkeiten, hindurchgehen durch furchtbares Verstummen, hindurchgehen durch die tausend Finsternisse todbringender Rede. Sie ging hindurch und gab keine Worte her für das, was geschah; aber sie ging durch dieses Geschehen. Ging hindurch und durfte wieder zutage treten, «angereichert» von all dem.
>
> Paul Celan, Bremer Rede 1958

denn geworden, *Der Reisekamerad, Sie kämmt ihr Haar, Vor einer Kerze* und *Wolfsbohne*. Schon *Schwarze Flocken*, vermutlich um die Jahreswende 1942/43 entstanden und dem Anschein nach in der Hauptstrophe einen Brief der gepeinigten Mutter aus dem ukrainischen Winter wiedergebend, enthält wesentlich eine poetologische Dimension. Der letzte Vers *Kam mir die Träne. Webt ich das Tüchlein* (Frühwerk, 129) benennt den Fluß der Tränen als ‹Grund›, als Voraussetzung von Dichtung nach der Shoah. Nur das *Tüchlein*, das hieraus gewoben, eine Textur, die aus diesem ‹Grund› hervorgegangen ist, hat ihre Legitimation nach der Shoah. Diese nach 1945 nie mehr zu überspringende Bedingung der Literatur, im Trauern, im Quell der Tränen verankert sein zu müssen, hat Paul Celan späterhin wieder und wieder evoziert, so in dem großen Gedicht *Engführung* (1958), in dem es (echohaft wiederholt) heißt: *Zum / Aug geh, zum feuchten. / Zum / Aug geh, / zum feuchten –* (I, 199 f.).

Auch Antschel-Celans berühmtestes Gedicht *Todesfuge* – noch 1944 in Czernowitz konzipiert und 1945 in Bukarest in seine endgültige Form gebracht[52] – ist ein durch und durch poetologisches Gedicht. Mit ihm offenbarte der Autor «seinen literarischen Ausgangspunkt, gleichzeitig aber auch seinen Abschied von diesem»[53]. In einem späteren Kapitel wird die Celan verstörende, folgenreiche Rezeption der *Todesfuge* im deutschen Sprachraum seit 1952 zu skizzieren sein (die Wirkungen des Erstdrucks in rumänischer Sprache 1947 und des deutschen 1948 waren gering) – hier soll es nur um die poetologische Dimension des Gedichts gehen, die schon für sich allein faszinierend genug ist.

> *Schwarze Milch der Frühe wir trinken sie abends*
> *wir trinken sie mittags und morgens wir trinken sie nachts*
> *wir trinken und trinken*
> *wir schaufeln ein Grab in den Lüften da liegt man nicht eng*
> *Ein Mann wohnt im Haus der spielt mit den Schlangen der schreibt*
> *der schreibt wenn es dunkelt nach Deutschland dein goldenes Haar Margarete*

er schreibt es und tritt vor das Haus und es blitzen die Sterne er
      pfeift seine Rüden herbei
er pfeift seine Juden hervor läßt schaufeln ein Grab in der Erde
er befiehlt uns spielt auf nun zum Tanz

Schwarze Milch der Frühe wir trinken dich nachts
wir trinken dich morgens und mittags wir trinken dich abends
wir trinken und trinken
Ein Mann wohnt im Haus der spielt mit den Schlangen der
      schreibt
der schreibt wenn es dunkelt nach Deutschland dein goldenes
      Haar Margarete
Dein aschenes Haar Sulamith wir schaufeln ein Grab in den
      Lüften da liegt man nicht eng

Er ruft stecht tiefer ins Erdreich ihr einen ihr andern singet und
      spielt
er greift nach dem Eisen im Gurt er schwingts seine Augen sind
      blau
stecht tiefer die Spaten ihr einen ihr andern spielt weiter zum
      Tanz auf

Schwarze Milch der Frühe wir trinken dich nachts
wir trinken dich mittags und morgens wir trinken dich abends
wir trinken und trinken
ein Mann wohnt im Haus dein goldenes Haar Margarete
dein aschenes Haar Sulamith er spielt mit den Schlangen

Er ruft spielt süßer den Tod der Tod ist ein Meister aus Deutsch-
      land
er ruft streicht dunkler die Geigen dann steigt ihr als Rauch in
      die Luft
dann habt ihr ein Grab in den Wolken da liegt man nicht eng

Schwarze Milch der Frühe wir trinken dich nachts
wir trinken dich mittags der Tod ist ein Meister aus Deutsch-
      land

wir trinken dich abends und morgens wir trinken und trinken
der Tod ist ein Meister aus Deutschland sein Auge ist blau
er trifft dich mit bleierner Kugel er trifft dich genau
ein Mann wohnt im Haus dein goldenes Haar Margarete
er hetzt seine Rüden auf uns er schenkt uns ein Grab in der Luft
er spielt mit den Schlangen und träumet der Tod ist ein Meister
aus Deutschland

dein goldenes Haar Margarete
dein aschenes Haar Sulamith   (I, 41 f.)

Zweifellos hat dieser Hymnus, den man vielleicht ganz unmittelbar als eine Art Totengebet, ein Kaddisch, aufnimmt (freilich von den Sterbenden selbst gesprochen), einen starken Wirklichkeitsbezug. Sein rumänischer Erstdruck war mit folgender sofort plausibler Erläuterung versehen: «Das Gedicht, dessen Übersetzung wir veröffentlichen, geht auf Tatsachen zurück. In Lublin und anderen ‹Todeslagern› der Nazis wurde ein Teil der Verurteilten gezwungen aufzuspielen, während ein anderer Gräber schaufelte.»[54] Celan selbst schrieb 1961 an Walter Jens: *Das Grab in der Luft […], das ist, in d i e s e m Gedicht, weiß Gott weder Entlehnung noch Metapher.*[55] Gleiches gilt für die meisten anderen Details des Gedichts. Und dennoch verfehlte man die Intention der *Todesfuge*, würde man sie nur als eine Beschreibung des Schreckens der Vernichtungslager verstehen. Sie ist auch, aus den ernstesten Gründen, ein literaturbesessenes Gedicht, das eine durchgängige Zitatstruktur aufweist.[56]

Auf die Spur dieser Entdeckung führte zuerst die fremdartige Eingangschiffre *Schwarze Milch der Frühe*. Im Lauf von zwei, drei Jahrzehnten fand man heraus, daß sich ganz ähnliche Oxymora-Wendungen nicht nur bei den Bukowiner Dichterkollegen Isaac Schreyer, Rose Ausländer und Alfred Margul-Sperber finden, sondern auch – und damit beträchtlich früher – bei Georg Trakl, Arthur Rimbaud, Jean Paul und im Alten Testament (Klagelieder Jeremias). Unter anderem in diesem Kontext tauchten dann auch jene von Claire Goll lancierten Plagiatsvorwürfe auf, die Paul Celans Leben spätestens ab

Insassen des Konzentrationslagers Lwow (Lemberg)
beim «Musizieren», um 1942

1960 vergifteten. Schließlich wurde im Februar 1970 in Bukarest das Gedicht «Er» von Immanuel Weißglas veröffentlicht,
das nach dessen eigener – glaubwürdiger – Angabe 1944 verfaßt wurde und auf der Motivebene frappierende Ähnlichkei-
ten mit der *Todesfuge* aufweist. Auch in Weißglas' Gedicht gibt
es einen «deutschen Meister», der «mit Schlangen» spielt und
dem chorischen «wir» des Gedichts befiehlt, «Gräber in die
Luft» zu «heben», während andere «fiedeln» und tanzen. Auch
von «Gretchens Haar» in «Deutschland» ist die Rede.[57] Und
doch macht der Vergleich der beiden Gedichte von Antschel-
Celan und Weißglas deutlich, daß die Frage nach der Priorität
oder gar nach einem Plagiat hier falsch gestellt ist und geradezu
in die Irre führt. Denn Weißglas' «Er», das aus vier Reimstro-
phen besteht, ist, seinem erschütternden Thema und den suggestiven Motiven zum Trotz, ein durch und durch konventio-
nelles Gedicht.

Weißglas war ein halbes Jahr älter als Antschel (er starb

1979). Die beiden kannten sich aus dem rumänischen Gymnasium in Czernowitz. Ein Jahr waren sie in Parallelklassen, dann nicht mehr, weil Weißglas eine Klasse wiederholen mußte.[58] Gemeinsam war ihnen jedenfalls ihr ausgeprägtes Interesse für Lyrik. Doch wie standen Antschel und Weißglas zueinander? Edith Silbermann und Alfred Kittner behaupten eine enge Dichterfreundschaft, einen permanenten literarischen Dialog zwischen den beiden bis in die Bukarester Zeit, während Ruth Lackner und Rose Ausländer eine solche Freundschaft dementieren (und Israel Chalfen folgt ihnen). Der engste Freund der Bukarester Zeit, Petre Solomon, spricht sogar von einer feindlichen Haltung Antschel-Celans gegenüber Weißglas.[59] Möglich, und plausibel, wäre beides zugleich: ein intensiver literarischer Dialog, ein die meiste Zeit freundschaftlicher Wettbewerb der beiden angehenden Lyriker – und ein, zumindest auf seiten Antschels, über die Jahre anwachsendes Gefühl der Unangemessenheit, der Verfehltheit der lyrischen Bemühungen des anderen.

Immanuel Weißglas, um 1938 / 39

Diese Hypothese führt zur *Todesfuge* in ihrem Verhältnis zu Weißglas' «Er» zurück: Hat man einmal die durchgängige Zitatstruktur der *Todesfuge* als eine – auch – bittere Abrechnung mit der literarischen deutschen Tradition erkannt, dann erscheint es geradezu als zwingend, daß sich Antschel von Weißglas' «Er» zu einer lyrischen Polemik, um nicht zu sagen: zu einer Par-Odie, einem Gegengesang, herausgefordert fühlen mußte, der die von diesem eingehaltenen Konventionen sprengen sollte. Und dieser Gegengesang rekurriert auf sehr viel mehr als nur auf das konventionelle Gedicht des Schulkameraden und ein Oxymoron, das zur Wandermetapher geworden ist. Er bilanziert umfassendere Traditionsbestände: Bachs «Kunst der

Fuge» und Goethes «Faust», Heines Gedicht «Das Sklaven-schiff» und Mörikes «Maler Nolten», mittelalterliche Toten-tanzliteratur und lyrische Todesallegorien von Gryphius bis Heym und Trakl. Auch kann der rhythmische Ablauf der *Todes-fuge* mit seinen eingangs trochäischen, ansonsten überwiegend daktylischen Taktreihen als verdecktes Zitat großer Teile der deutschen Lyriktradition gelesen werden, von Goethe bis zu Hofmannsthal und Rilke. Und der an einer einzigen Stelle ein-gebaute Endreim (*der Tod ist ein Meister aus Deutschland sein Auge ist blau / er trifft dich mit bleierner Kugel er trifft dich genau*) wird dann deutbar als Absage an *den deutschen, den schmerzlichen Reim* als «tödlich genauen Treffer» [60], der künftig, als allzu schmerz-lich, zu meiden ist. Denn das ist ein, vielleicht das Thema der *Todesfuge*: Sie unterstellt den Deutschen eine doppelte Meister-schaft, die in der Kunst und die im Töten. Enggeführt findet sich das zweifache Virtuosentum im Befehl des Mannes an die dem Tod Überantworteten, ihre eigene Ermordung durch Musik und Tanz als Kunstwerk zu inszenieren: *Er ruft spielt süßer den Tod der Tod ist ein Meister aus Deutschland / er ruft streicht dunkler die Geigen dann steigt ihr als Rauch in die Luft.*

In beiden Akten manifestiert sich der moderne männlich-narzißtische Traum, der Rausch des unbegrenzten Verfügens über eine Welt, die nur Material zu einem selbstgesetzten Zweck ist (im zweiten Fall ist es das ‹Menschenmaterial›), das diesem Zweck entsprechend zugerichtet wird. Celans *Mann*, sein *Meister aus Deutschland* steht vor uns als die Inkarnation eines faszinierten Liebhabers der reinen, absoluten (im wört-lichen Sinn a-sozialen) Kunst, die er als Stimulus einsetzt, um den ebenso reinen, absoluten Akt des Massenmords in Gang zu setzen.

Parallel zu dem deutschen wird ein zweiter Traditionsbe-stand evoziert: der jüdische. Neben Jeremias Klageliedern (Kap. 4, Vers 7 / 8) ist das der Psalm 137 (hier in der Übersetzung Luthers), der eingangs, wie die *Todesfuge*, Terror gegenüber den in der Fremde Gefangenen und erzwungenes Musizieren zu-sammenführt: «An den Wassern zu Babel saßen wir und wein-ten, wenn wir an Zion gedachten. Unsere Harfen hingen wir an die Weiden, die daselbst sind. Denn dort hießen uns singen, die uns gefangen hielten, und in unserem Heulen fröhlich sein: ‹Singet uns ein Lied von Zion!›» Schließlich Sulamith, die Geliebte Salomos aus dem «Hohenlied»: dort mit purpurfarbenem, nicht aschenem Haar ausgestattet; eine Gestalt des Versprechens der glücklichen Heimkehr nach Zion.

Aber deutsche und jüdische Literaturtradition verlaufen ja nicht nur voneinander getrennt, vielmehr begegnen und durchdringen sie einander: in den Bibelübersetzungen, in Heinrich Heine und nicht zuletzt in den deutsch-jüdischen Dichtern der Bukowina. Hier wird vollends deutlich, daß der junge Dichter, der an die deutsch-jüdische Symbiose geglaubt hatte, in eine bis an sein Lebensende nicht aufhebbare existentielle Ausweglosigkeit geraten war. Mit der *Todesfuge* beginnt eine Wiederannäherung des weitgehend Assimilierten an sein Judentum – in dem historischen Augenblick, in dem die jüdischen Menschen in Europa ausgelöscht wurden. Das intensive Sich-Einlassen auf das eigene Judentum und seine Tradition ist kaum anders zu deuten denn als Versuch, sich aus einem nie erlahmenden Schuldbewußtsein heraus nachträglich, imaginativ, mit den ihm zugehörigen jüdischen Menschen (an erster Stelle der Mutter) zu vereinigen, in eins zu setzen, wobei die Kluft zwischen den tatsächlichen Opfern und dem Überlebenden sich nie schließen wollte. Erst in Celans Freitod schloß sie sich tatsächlich, auf die traurigste Weise.

Todesfuge ist, so wird sich in der westdeutschen Rezeption der fünfziger und sechziger Jahre noch einmal zeigen, ein durch und durch ambivalentes Gebilde: Es zitiert die bisher vereinten Traditionsbestände herbei und distanziert (teilweise: verwirft) sie dergestalt als enteignete, nicht mehr fraglos verfügbare. Am Ende des Gedichts stehen die nicht mehr miteinander vermittelbaren Herkünfte, die deutsche und die jüdische, getrennt da. Das Gretchen Goethes, der noch aus dem «Hohenlied» übersetzt hatte, und die zu Asche gewordene Sulamith bleiben unversöhnt: *dein goldenes Haar Margarete / dein aschenes Haar Sulamith.*

Gleichzeitig bewahrt das Gedicht jedoch eine berückende

Schönheit, einen musikalischen Reiz, eine beinahe magische Zauberkraft, der selbst ein nicht auf Verharmlosung des Themas ausgehender Leser zu erliegen droht. Allzu leicht war es möglich, so zeigte sich in den fünfziger Jahren, die *Todesfuge* einfach als ein über die Maßen schönes Gedicht zu lesen – und zu genießen.

Von Antschel zu Celan

Bukarest 1945–1947   Im Herbst 1944 wurde die Universität Czernowitz zum zweitenmal als sowjetisch-ukrainische Universität eröffnet, und Paul Antschel konnte sich erneut an ihr einschreiben – diesmal als Student der Anglistik, wofür seine Liebe zu Shakespeare den Ausschlag gegeben haben mag. Nebenher verdiente er sich Geld, indem er für die ukrainische Zeitung am Ort Texte von konformen rumänischen Autoren übersetzte.[61] Zwar hatte er in die elterliche Wohnung in der Masarykgasse 10 zurückkehren können, aber er begriff, nachdem bald außer Frage stand, daß die Nordbukowina endgültig sowjetisch werden würde, seinen Aufenthalt in der Heimatstadt nur noch als provisorisch. Gerade in diesem Herbst und Winter 1944/45, einer neuerlichen Zeit des Übergangs, klärte sich zusehends sein Lebensplan: nämlich, allen durch die Deutschen erfahrenen Verletzungen zum Trotz ein Dichter deutscher Sprache zu werden. Das belegt vor allem die sorgfältige Niederschrift zweier umfangreicher Gedichtsammlungen, eine davon in handschriftlicher Form, in diesem Zeitraum.

So ist auch Antschels Übersiedlung nach Bukarest im April 1945 wiederum nur als vorläufig zu verstehen. Der Plan, auf Dauer in den deutschen Sprachraum, vorzugsweise Wien, überzusiedeln, war in der damaligen politischen Situation nicht zu verwirklichen. Später, in der *Bremer Rede* von 1958, heißt es dazu: *Das Erreichbare, fern genug, das zu Erreichende hieß Wien. Sie wissen ja, wie es dann durch Jahre auch um diese Erreichbarkeit bestellt war.* (III, 185) Bukarest bot sich als neuer Aufenthalt an (und die sowjetischen Behörden duldeten die Ausreise von Juden gern), weil Antschel rumänischer Staatsbürger war, er die Landessprache bereits gut beherrschte und die Hauptstadt eine interessante literarische Szene bot. Außerdem schien es zunächst so, als ob das Land unter dem wieder etablierten König Mihail I. wenn schon keinen liberal-westlichen, so doch auch keinen rigide prosowjetischen Kurs einschlagen würde. Aus den gleichen Gründen übersiedelten viele Czernowitzer zumeist jüdische Akademiker, speziell Künstler, nach Bukarest: unter ihnen die Freunde Ruth Lackner, Edith Horowitz, Moshe Barash und Horia Deleanu sowie die Dichterkollegen Alfred Kittner, Immanuel Weißglas, Alfred Gong und Rose Ausländer. Antschel hörte letztere im August 1946 noch einmal lesen, bevor sie kurz darauf ein zweites Mal in die USA auswanderte.

Rose Ausländer:

Bukowina II

Landschaft die mich erfand

wasserarmig
waldhaarig
die Heidelbeerhügel
honigschwarz

Viersprachig verbrüderte
Lieder
in entzweiter Zeit

Aufgelöst
strömen die Jahre
ans verflossene Ufer

Bukarest, das einstige «Paris des Ostens», hatte zwar durch ein Erdbeben (1940) und Bombardements im Krieg gelitten, aber es war immer noch eine lebendige, von alteuropäischem Charme sprühende Stadt mit balkanisch-byzantinischer Lebensweise. Nach dem Ende der deutschen Besatzung, das zugleich das Ende des faschistischen Regimes von General Antonescu bedeutete, begannen vielfältige künstlerische Aktivitäten aus dem Boden zu sprießen. Und weil das rumänische Lesepublikum frankophon war, spielten französische Einflüsse eine große Rolle. So traten nach dem Krieg Tristan Tzara, Louis Aragon und Paul Eluard in Bukarest auf, und Paul Antschel erlebte sie auch.

Antschel war 1934 als Schüler schon einmal für ein paar Tage in Bukarest gewesen. Jetzt schrieb er sich an der Universität ein und teilte, nach ersten Übernachtungen im Haus Alfred Margul-Sperbers, eine Studentenbude mit Leonid Miller, den er seit 1935 kannte und 1938 in Paris wiedergetroffen hatte. Zunächst hielt er sich mit Übersetzungen für die kommunistische Kulturzeitschrift «Scinteia» über Wasser, doch bald, vermutlich seit dem Herbst 1945, hatte er einen ordentlichen

Bukarest im Sommer 1944: die Hotels «Stanesco» und «Union» an den Ringstraßen

Brotberuf. Weil er gut Russisch konnte, machte man ihn zum festangestellten Lektor im neugegründeten Verlag «Cartea Rusă», dessen Aufgabe es war, dem rumänischen Publikum ältere und neue russische Literatur zugänglich zu machen. Binnen kurzem übersetzte Antschel umfangreiche Prosatexte von Rang aus dem Russischen ins Rumänische: Michail Lermontows «Ein Held unserer Zeit» und mehrere Erzählungen von Anton Tschechow. Beide erschienen noch 1946, als erste Veröffentlichungen des Autors überhaupt, unter dem jetzt rumänisierten Namen «Ancel». 1947 folgte die Übersetzung von Konstantin Simonows Propagandastück «Die russische Frage» sowie einiger stark ideologieträchtiger Texte aus der Sowjetunion, beides unter dem Pseudonym A. Pavel, was Ancels Distanz zu der ihm aufgenötigten Arbeit erkennen läßt.

Paul Ancel (wie er nun hieß) war nach Bukarest gegangen, weil er dichten und unter Dichtern sein wollte. Derjenige, der vielleicht (ohne es zu wissen) den Ausschlag zugunsten seiner Entscheidung für Bukarest gegeben hatte, war Alfred Margul-Sperber. Ein Mann von über zwei Metern Körpergröße, der alle um Haupteslänge überragte, geboren in der ländlichen Bukowina, aufgewachsen in Czernowitz, nach Soldatenjahren wieder in Czernowitz auch literarisch aktiv, hatte er die Jahre 1920 bis 1924 in Paris und New York verbracht, war Guillaume Apollinaire und Yvan Goll nahegekommen und hatte sogar Kafka kennengelernt. Zwischen 1924 und 1933 war er es, der das literarische Leben in Czernowitz inspirierte und lenkte und, auch noch nach seinem Rückzug aufs Land, brieflich den Kontakt zu den Großen der Welt hielt, von Thomas Mann bis zu T. S. Eliot. Seit 1940 lebte er, überwiegend kümmerlich, in Bukarest. Den Deportationen war er mit Glück entgangen. Nun, nach 1945, konnte er endlich wieder die Rolle als Förderer junger Literatur, als Übersetzer und auch als Lyriker aus eigenem Recht spielen.

Paul Ancel kannte natürlich seine Gedichtbände «Gleichnisse der Landschaft» (1934) und «Geheimnis und Verzicht» (1939), doch nie hatte er Margul-Sperber zu Gesicht bekommen. Jetzt suchte er ihn, der sein Vater hätte sein können, auf, kaum daß er in Bukarest angekommen war. Ruth Lackner hatte diesem bereits ein Konvolut mit Gedichten Ancels übergeben, und Margul-Sperber hatte sich begeistert gezeigt. Daß der Ältere seine expressionistische Phase längst hinter sich gelassen und sich «freimütig zu allem Veralteten und Herkömmlichen, in Form, Wahl und Behandlung seiner dichterischen Gegenstände»[62] bekannt hatte, tat der herzlichen Beziehung der beiden Lyriker keinen Abbruch. Ancel hat in einem Sperber gewidmeten Gedicht *Der Pfeil der Artemis* den Abstand zwischen diesem und ihm selbst respektvoll und deutlich zugleich zum Ausdruck gebracht, wenn er einsetzt: *Die Zeit tritt ehern in ihr letztes Alter. / Nur du allein bist silbern hier.*[63] Sperbers «intellektuelle Neugier ging mit seelischer Großzügigkeit zusammen»[64], und so wurde er zum selbstlosen Freund und Förderer seines jungen Bukowiner Landsmannes, dessen überragende Begabung er wie kein zweiter sofort erkannte. Margul-Sperber war es dann auch,

Alfred
Margul-Sperber,
Moses Rosen-
kranz und ein
Bekannter
(v. r.)

der Celan 1948 den Weg in die deutschsprachige literarische Öffentlichkeit, via Wien und Zürich, bahnte, und der Jüngere hat sich dieses Freundschaftsdienstes immer wieder dankbar erinnert, gerade in den schwierigen frühen sechziger Jahren.

Zum ersten Mal seit seiner Studienzeit in Tours lebte Ancel jetzt permanent in einer Sprachumgebung, in der die Alltagssprache nicht Deutsch war. Deutsch war reserviert als die Sprache der Poesie, gleichsam ein Zimmer für sich in einer mehrsprachigen Wohnung, in der das Rumänische und das Russische gleichgewichtige Rollen spielten. Freilich waren in den zweieinhalb Jahren Bukarest die menschlichen Beziehungen, in denen deutsch gesprochen wurde, noch nicht peripher. Aber das Rumänische dominierte jetzt – in den privaten, beruflichen und literarischen Begegnungen.

Im Vergleich zu den Zeiten im Ghetto, im Arbeitslager und auch noch dem aufreibenden letzten Czernowitzer Jahr

1944/45 gab es jetzt wirklich ein Privatleben für den nun schon Mittzwanziger. Und er lebte und genoß es in vollen Zügen. Paul Ancel ging es nicht anders als all den anderen jungen Leuten, die die Schrecken des Krieges und der Verfolgung überstanden hatten, die vergessen und endlich wirklich leben wollten. «Die Zeit, die wir mitmachten», so erinnert sich eine der engsten Freundinnen aus der Bukarester Zeit, Nina Cassian, «war eine Zeit der ununterdrückbaren Hoffnung, wie sie sich immer einstellt nach erschütternden Katastrophen. Wir konnten weniger Jahre zählen als Andenken an plötzlich Verschiedene. [...] Der Vorgeschmack der Freiheit lag auf unseren Lippen.»[65] Der junge Autor, darin stimmen die Berichte aller Freunde überein, verkörperte dieses neue Lebensgefühl geradezu beispielhaft. Ihn sich als permanent schwermütig, gar depressiv vorzustellen, ginge in die Irre. Gewiß, er war der «beau ténébreux»[66], ein «durchgeistigter Romantiker», dessen «Charme [...] von Rätseln und Melancholie überstrahlt»[67] war; der «mit der Grazie eines Ballerinos einsam vor sich hintanzte»[68]. Aber er liebte die Geselligkeit der Bohemiens, er konnte lachen, sich amüsieren (immer wieder werden die beiden Silvesterfeten 1945/46 und 1946/47 genannt) – und: Er genoß die Liebe, er konnte glücklich sein. Die Bindung an Ruth Lackner, die ja ebenfalls in Bukarest lebte, lockerte sich und verlor sich endlich fast ganz. An ihre Stelle traten neue Lieben, die nun auch nicht mehr den früheren Hemmungen unterlagen. Rosa Leibovici, die Ancel aus Czernowitz nach Bukarest folgte, Lia Fingerhut, von Ancel «Gioia» genannt (sie ertränkte sich 1961, das Gedicht *Aschenglorie* von 1964 gedenkt ihrer und des gemeinsamen *Pontischen Einstmals*, eines schönen Sommers in Mangalia am Schwarzen Meer[69]), und die Schauspielerin Corina (Ciuci) Marcovici mögen die wichtigsten gewesen sein, aber gewiß nicht die einzigen. Petre Solomon spricht scherzhaft von einer «langen Liste ‹einverstandener Opfer›».[70]

Solomon, dieser wohl engste Freund zwischen dem Herbst 1946 und Ende 1947, erinnert Ancel als einen vitalen, zumeist ausgeglichenen, immer hilfsbereiten und sogar humorvollen

Menschen, dessen «Seele nicht nur von Verzweiflung, sondern auch von Hoffnung erfüllt» war.[71] Der drei Jahre jüngere Solomon, ein rumänischer Jude, hatte die Jahre 1944–46 in Palästina verbracht, war aber nun, in seinem missionarischen Drang ernüchtert, nach Bukarest zurückgekehrt und arbeitete ebenfalls im Verlag «Cartea Rusă». Er übersetzte aus dem Französischen, später auch aus dem Englischen und schrieb überdies selbst Gedichte. Seine Freundschaft mit Ancel gründete, so hat er später bilanziert, auf einer unwandelbaren brüderlichen Liebe, «intellektueller Verwandtschaft, ähnlichem literarischem Geschmack und gleichen literarischen Vorlieben»[72] – von Shakespeare bis zu Rilke und Kafka, von dem Ancel damals vier Erzählungen, unter anderem «Vor dem Gesetz», ins Rumänische übersetzte.[73] Aufs engste verband sie ihre gemeinsame Liebe für Wortspiele, die sie mit Hingabe pflegten. Solomon hat diejenigen des Freundes damals unter dem Titel «Paul Celans Abendbüchlein» aufgezeichnet und in seinen Erinnerungen köstliche Beispiele daraus zitiert. Eins lautete (die Freundschaft der beiden liebevoll simulierend): *Muzică de anti-*

Paul Ancel und Petre Solomon in Bukarest, 1946

cameră: Solo de Petronom cu acompaniament de Pauoloncel – zu deutsch etwa: «Vorzimmer-Musik: Solo für Petronom begleitet von Paoloncello».[74] In einem Brief aus Wien an Solomon vom März 1948, unterschrieben mit *Dein ehrlicher Freund und trauriger Dichter teutonischer Zunge Paul*, wird sich Celan dann sehnsüchtig an *cette belle saison des calembourgs* – die schöne Zeit der Kalauer, der Wortspiele – erinnern.[75] Er ahnte, daß sie für immer vorbei war. Noch in den sechziger Jahren betonte Celan, daß, verglichen mit seinen «literarischen Freunden» aus Frankreich und Deutschland, allein die rumänischen «amis poètes» seinem Herzen nahestanden.[76]

Solomons Betonung der «spielerischen Seite» von Ancels Phantasie, von seiner ganzen Persönlichkeit, welche «die Früchte des Zufalls ganz und gar nicht» verachtete [77], schlägt noch einmal eine Brücke zu den «Bukarester Wahlverwandtschaften» [78], die der Autor in dieser Zeit knüpfte, speziell zum (rumänischen) Surrealismus, zu dessen Tradition ja die von den beiden Freunden praktizierten Sprachspiele gehörten. Binnen kurzem wurde Ancel ein vorzüglicher Kenner der neueren rumänischen Lyrik, und sie blieb nicht ohne Einfluß auf ihn; ja für einige Zeit konnte es so scheinen, daß aus dem deutschen Dichter aus der Bukowina ums Haar ein rumänischer Autor hätte werden können.[79] Nicht nur las er mit Hochachtung die Gedichte der drei rumänischen Klassiker der Moderne Lucian Blaga, Tudor Arghezi (von dem er auch zwei Gedichte übersetzte) und Alexandru Philippide (den er einmal wöchentlich im Verlag oder auch bei Margul-Sperber traf) – sie waren von ihm durch den Unterschied von ein oder gar zwei Generationen getrennt –, er hatte auch direkten Umgang mit führenden rumänischen Surrealisten wie Gherasim Luca und Paul Păun. Wie für sie, und ihre französischen Vorbilder Breton, Eluard und Aragon, war «Surrealismus» für ihn immer mehr als nur eine Schreibtechnik (pointiert in der «écriture automatique»), sondern, umfassender, «un état de l'esprit», mit Paul Eluard zu sprechen, den Ancel besonders verehrte. Wie sie war er fasziniert von dem genuin politischen, revolutionären Impuls, den er im Surrealismus angelegt sah: seinem Nonkonformismus, seiner Nähe zu einem freiheitlichen, undogmatischen Sozialismus. Damit war der Surrealismus, der sich schon als Antinazismus bewährt hatte, auch ein Gegner des Stalinismus, wie ihn Ancel in Bukarest zunehmend unbehaglicher kennenlernte (und der umgekehrt den Surrealismus zum ideologischen Feind erklärt hatte). Aber der Autor war dem Surrealismus nicht nur in allgemeiner Sympathie verbunden. Er mußte von einer Auffassung der Sprache fasziniert sein, in der *Fremdes Fremdestem vermählt wird* (III, 158); von einer surrealistischen Bildlichkeit, die das Gegensätzliche und Unvereinbare zusammenführte.

Paul Ancels Lyrik ist von Anfang an ein hoher Anteil außerrationaler, emotiver und sinnlicher Elemente beigemischt, am unmittelbarsten spürbar in der starken Musikalität und suggestiven Bildlichkeit seiner Verse, die nie nur das Wachbewußtsein des Lesers ansprechen. Jetzt, durch die nähere Bekanntschaft und Auseinandersetzung mit dem (rumänischen) Surrealismus in Literatur und auch bildender Kunst, nahm er wahr, wie förderlich dessen (in vielem bekanntlich von der Psychoanalyse inspiriertes) Konzept der Freisetzung schöpferischer Kräfte aus den Quellen des Unbewußten, des Traums für seine eigene Arbeit war. Ancel entdeckte die produktive Wechselwirkung von Vergessen und Wieder-Erinnern, von *Mohn und Gedächtnis* (so wird dann der Gedichtband von 1952 heißen) – gerade als ein immer noch zutiefst Trauernder, der täglich neu erfahren mußte, daß der Schmerz um den Tod der geliebten Mutter, um alle ermordeten Mit-Juden nicht mit den Mitteln der ‹trockenen› Vernunft allein auszuhalten oder gar zu überwinden war. Freilich finden solche Erkenntnisse erst in dem poetologischen Text *Edgar Jené. Der Traum vom Traume* und Gedichten aus dem Wiener Halbjahr 1948 ihre sprachliche Ausformung.

Seine Eigenheit erhielt der Autor sich schon dadurch, daß er den bereits in Czernowitz gefundenen Typus des überwiegend daktylischen Langzeilengedichtes – mit bis zu neun Takten! – in Bukarest weiterentwickelte und so die oft surrealistisch anmutende Bildlichkeit in einen ganz individuellen metrisch-rhythmischen Rahmen spannte. Noch überwiegen Reimstrophengedichte, aber die bewußte Abwendung vom Reim wird immer deutlicher. Das zeigt eindrucksvoll der Schritt von dem früheren Mutter-Gedicht *Nähe der Gräber* zu dem späteren *Espenbaum*, das wohl im Übergang von Czernowitz nach Bukarest entstanden ist.

> *ESPENBAUM, dein Laub blickt weiß ins Dunkel.*
> *Meiner Mutter Haar ward nimmer weiß.*
>
> *Löwenzahn, so grün ist die Ukraine.*
> *Meine blonde Mutter kam nicht heim.*
>
> *Regenwolke, säumst du an den Brunnen?*
> *Meine leise Mutter weint für alle.*
>
> *Runder Stern, du schlingst die goldne Schleife.*
> *Meiner Mutter Herz ward wund von Blei.*
>
> *Eichne Tür, wer hob dich aus den Angeln?*
> *Meine sanfte Mutter kann nicht kommen.*   (I, 19)

Auch *Nähe der Gräber* hatte fünf zweizeilige Strophen aneinandergereiht, freilich waren es gereimte Verspaare. Jetzt fehlt der Reim. Schon das frühere Gedicht hatte die Motive von Tod und Trauer mit Naturbildern verwoben (auch da gab es *Espen*). Jetzt ist, viermal hintereinander, ein harter Kontrast zwischen der unverändert schönen, lebendigen Natur und der ermordeten Mutter, *wund von Blei*, formuliert. Der einfache Aufbau beider Gedichte und ihr Natureingang, für die es Vorbilder im rumänischen Volkslied gibt[80], machen dem Leser das Verständnis leicht. Entscheidend ist jedoch wahrzunehmen, daß jetzt die je parallelen Verse (von der fünften Strophe abgesehen) kein analoges Verhältnis zwischen menschlichen Verhältnissen und Natur mehr signalisieren, sondern eines tiefster, nicht mehr aufhebbarer Entfremdung. Das Motiv des Haars der Ermordeten, das *nimmer weiß* wird (man erinnert sich an Sulamiths *aschenes Haar* aus der *Todesfuge*), begleitet Celans Lyrik dann durch die Jahrzehnte. *Judenlocke, wirst nicht grau*, heißt es zum Beispiel in *Mandorla* aus dem Jahr 1961 (I, 244).

Die meisten der in Bukarest entstandenen Gedichte setzen aufgrund ihrer komplexen, tatsächlich surrealistisch pointierten Bildlichkeit und Assoziationstechnik dem Verständnis mehr Widerstand entgegen als *Espenbaum*. In geheimnisvoller Weise verschlingen sich in Gedichten wie *Ein Lied in der Wüste*, *Umsonst malst du Herzen ans Fenster*, *Der Sand aus den Urnen* oder *Dunkles Aug im September* die Themen Liebe, Traum und Tod (es gibt jetzt fast kein Liebesgedicht mehr, das nicht auch zugleich Totengedenken wäre). Überraschend häufig tauchen Rittergestalten auf, werden Bilder von Rüstung und Waffen, Helm und Schild, Schwert und Speer eingesetzt. Rilkes «Cornet» und seine Ästhetisierung des Todes sind nicht weit.

Es war nicht verwunderlich, daß Paul Ancel mit seinen Versen bei den Zensoren, die seit 1946 / 47 von Monat zu Monat mehr Einfluß auf das literarische Leben nahmen und nichts als einen imaginationsfeindlichen, borniertEN «sozialistischen Realismus» gelten ließen, kein Wohlwollen finden konnte. Verwunderlich war eher umgekehrt, daß er im Mai 1947 trotz der immer rigider werdenden Kulturpolitik gleich ein zweifaches literarisches Debüt feiern konnte. Am 2. Mai 1947 druckte die Zeitschrift «Contemporanul» die *Todesfuge* unter dem Titel *Tangoul morții* (d. h. *Todestango*) in der mit dem Autor abgestimmten Übersetzung des Freundes Petre Solomon, erstmalig mit dem Namen «Paul Celan», und noch im gleichen Monat erschienen, empfohlen von Margul-Sperber, in der Zeitschrift «Agora» die ersten drei Gedichte in deutscher Sprache (*Das Gastmahl, Das Geheimnis der Farne, Ein wasserfarbenes Wild*), auch sie unter dem neuen Autornamen.

Über eine Änderung seines, zumal in der deutschen Schreibweise, wenig elegant klingenden Familiennamens zu Zwecken der Publikation hatte Ancel schon länger nachgedacht. Eine Art Vorbild mag die Umbenennung von Friedrich Gundelfinger in Gundolf gewesen sein. Die gute Idee des Anagramms «Celan» kam schließlich von Alfred Margul-Sperbers

TANGOUL *Mortii*

de PAUL CELAN

*Poemul a cărui traducere o publicăm e construit pe e-
vocarea unui fapt real.*

*La Lublin, ca şi în multealte „lagăre naziste ale mor-
ţii", o parte din condamnaţi erau puşi să cânte muzică de
dor în timp ce ceilalţi săpau gropile.*

Lapte negru din zori îl bem când e seară
îl bem la amiaz dimineaţa îl bem şi la noapte
îl bem şi îl bem
săpăm o groapă 'n văzduh şi nu va fi strâmtă
Un om stă în casă se joacă cu şerpii şi scrie
el scrie 'n amurg în Germania, Aurul părului tău
                                    Margareta
scrie şi iese în prag mai scapără stelele 'n cer el îşi
                                    fluerá câinii

Paul Celans «Todesfuge» (in den ersten deutschen
Manuskripten noch mit «Todestango» betitelt)
erschien erstmals in der rumänischen Übersetzung
von Petre Solomon unter dem Titel «Tangoul morţii»
(hier die erste Seite) in «Contemporanul»
am 2. Mai 1947.

67

Frau Jessika (Jetty), und der angehende Autor nahm sie gern auf.[81] Inwieweit er dabei an den Franziskanermönch Thomas von Celano gedacht hat (Celans Verehrung für den heiligen Franz war groß, wie noch das Gedicht *Assisi* und wohl auch die Namenswahl für den bald nach seiner Geburt gestorbenen ersten Sohn François zeigt), ob er das lateinische Verbum «celare» (verbergen) oder gar das ebenfalls lateinische Wort «tolonarius» (althochdeutsch «zolonari») für «Zöllner» im Sinn hatte, mag dahingestellt bleiben. Auch eine Verbindung zu lateinisch «caelare» (ziselieren, mit dem Grabstichel arbeiten) und vor allem zu dem von Celan mehrfach gebrauchten Wort «schilpen» resp. «tschilpen» (mit der Nebenbedeutung «in Holz oder Stein graben») kann man sehen.[82] Gewiß hat der Autor nicht zufällig bei seiner Lektüre von Jean Pauls «Quintus Fixlein» 1948 oder bald danach die folgende Stelle angestrichen: «Ich münzte daher meinen Namen als mein eigner Falschmünzer um und sah mich als einen ganz andern Menschen an.»[83] Der ganz andere Mensch mit seinem neuen Namen: das war der Dichter deutscher Sprache Paul Celan – nun auch als eine öffentliche Person. Übrigens wollte Celan seinen Namen «Tsélan» ausgesprochen wissen.

Eines der drei im Mai 1947 in Bukarest gedruckten Gedichte Paul Celans, *Ein wasserfarbenes Wild* (späterer Titel *Die letzte Fahne*), war hochexplosive Schmuggelware, was die Zensoren freilich zum Glück nicht bemerkten. Celan benutzte als Camouflage, was für Unbedarfte wie surrealistischer Unsinn aussehen sollte, um ebendiese Zensoren-Jäger zu verhöhnen. Das Gedicht beginnt: *Ein wasserfarbenes Wild wird gejagt in den dämmernden Marken. / So binde die Maske dir vor und färbe die Wimpern dir grün. / [...] / Gewölk und Gebell! Sie reiten den Wahn in den Farn! / Wie Fischer werfen sie Netze nach Irrlicht und Hauch! / Sie schlingen ein Seil um die Kronen und laden zum Tanz!* (I, 23)

Ab Oktober 1947 ist der Surrealismus in Rumänien ganz offiziell verboten. Celans Freundin Nina Cassian muß für ihren ersten Gedichtband demütigende Selbstkritik üben. Am 30. Dezember 1947 wird König Mihail I. zur Abdankung gezwungen und die sozialistische Volksrepublik Rumänien ausgerufen. Paul Celan, immer noch voller Sympathie für einen «wahren» Sozialismus, wollte sich nicht jagen lassen und seiner Poesie keine Maske vorbinden. Zwar empfand er Bukarest nie als ein Exil, aber eine Zukunft als Autor deutscher Sprache hatte er dort nicht. Also verließ er das Land.

«Wir lieben einander wie Mohn und Gedächtnis»

Wien 1947 / 48 Paul Celans Übersiedlung von Bukarest nach Wien war alles andere als eine Vergnügungsfahrt – es war *eine furchtbar schwere Reise*[84], eine Flucht bei Gefahr für Leib und Leben. Angesichts der hohen Zahl von Flüchtlingen – allein in den Monaten November und Dezember 1947 trafen 3200 überwiegend rumänische Juden in Wien ein – machten die rumänischen Behörden systematisch Jagd auf sie. Viele wurden beim Versuch, die Grenze nach Ungarn zu überschreiten, verhaftet oder erschossen.[85] Doch mit Hilfe bezahlter ungarischer Fluchthelfer schaffte es Celan. Nach kurzem Zwischenaufenthalt in Budapest traf er ein paar Tage vor Weihnachten in Wien ein, wo er sich zunächst ins Flüchtlingslager begab. Seine ganze Habe hatte er in Bukarest zurücklassen müssen. Nur von wenigen engen Freunden konnte er sich verabschieden, so von Margul-Sperber, Petre Solomon, Ruth Lackner (Kraft) und Corina Marcovici, denen er auch eigene Manuskripte anvertraute.

Wien im Jahre 1947 war eine Trümmerstadt, aber sie erhob sich aus den Trümmern und kehrte zu ihrer alten Vitalität zurück. Orson Welles' berühmter Film «Der dritte Mann» über das Leben in der viergeteilten Stadt nach 1945 ist hilfreich, will man sich Paul Celans Wiener Halbjahr – bis zur Weiterreise nach Paris im Juli 1948 – vergegenwärtigen. Eine andere Hilfe bietet der von zwei Wiener Freunden Celans, Milo Dor und Reinhard Federmann, geschriebene Kriminalroman «Internationale Zone» von 1953, der zudem noch den Vorzug hat, ein liebevolles Porträt Celans in der Gestalt der Figur Petre Margul [!] zu zeichnen. Es geht um Zigarettenschmuggel, Schwarzmarktgeschäfte und schlimmere Verbre-

Militärpolizei der Alliierten Verwaltung in Wien, 1945

chen inmitten des Machtgerangels zwischen den Westmäch-
ten und den «Sowjets». Und es geht um den einsamen, stets in
Geldnot befindlichen jüdischen Flüchtling aus Rumänien, der
sich aus Freundschaft in finstere Geschäfte verwickeln läßt
und dabei den sowjetischen Sektor als Gefahrenzone meiden
muß. «Verloren», «hungrig und verzweifelt» strolcht er durch
die Stadt und träumt von nichts anderem, als nach Paris zu
kommen, um endlich Anerkennung als Dichter zu finden.[86]

Mit dieser versteckten Charakterisierung des Freundes
und seiner Situation ist einiges von Celans Wiener Dilemma
getroffen. Zum ersten Mal seit früheren glücklichen Tagen in
Czernowitz lebte er in einer deutschen Sprachumgebung und
in einer Stadt, der manche seiner Träume gegolten hatten. Immerhin hatten sich seine Eltern, die nie richtig Rumänisch
lernten, ihr Leben lang als Österreicher gefühlt. Wien war die
Sehnsucht aller Czernowitzer. Es war die Stadt großer Musik
und großer Literatur, von Hugo von Hofmannsthal und Karl
Kraus, von Sigmund Freud und Arthur Schnitzler und von
einer ganzen Phalanx weiterer Geistesheroen – die meisten
von ihnen Juden. Wien hatte seit langem einen hohen jüdi-

schen Bevölkerungsanteil, vor allem assimilierte bürgerliche Juden, aber auch orthodoxe, ostjüdische «Kaftanjuden», die spätestens seit der Jahrhundertwende als Zielscheibe für einen immer militanteren Antisemitismus dienten. Der war jetzt, nach 1945, als Ideologie zurückgedrängt, aber sehr bald wieder «reprivatisiert»[87] virulent, zumal der zeitweise Aufenthalt von insgesamt ca. 170000 jüdischen «Displaced Persons» in Wien zwischen 1945 und 1948 (und Celan war eine davon) den alten Neid auf die vermeintlich Bevorzugten wiedererwachen ließ. Kurz, von einer «Bewältigung der Vergangenheit» konnte im Wien, im Österreich dieser Jahre ebensowenig die Rede sein wie im Nachkriegsdeutschland, und Celan machte jetzt seine Erfahrungen mit dem alltäglichen Antisemitismus unter einstigen Staatsbürgern des Großdeutschen Reiches.

Doch standen gerade am Anfang der Wiener Monate ermutigende Erlebnisse. Alfred Margul-Sperber hatte in einem Brief an den Wiener Lyriker und Herausgeber der Zeitschrift «Plan» Otto Basil (um den sich alle Avantgardisten Wiens scharten) Celan in den höchsten Tönen gelobt und dem Kollegen die Gedichte zur Veröffentlichung empfohlen.[88] Otto Basil stimmte Margul-Sperbers Lob emphatisch zu – seit Trakl hatte ihn kein Lyriker mehr so beeindruckt wie Celan. Dabei hatte Basil, selbst vom Expressionismus und Surrealismus geprägt und ein mutiger Gegner der Nazis dazu, höchste Ansprüche, wie die Hefte des «Plan» ausweisen (die ersten drei, bis zu ihrem Verbot, schon 1937, fortgesetzt dann 1945). Hier hatten von den Jüngeren und Jüngsten bereits Ilse Aichinger, Erich Fried und Friederike Mayröcker publiziert. So erschien die bemerkenswert große Zahl von siebzehn Gedichten Celans im Februar 1948 im «Plan» in illustrer literarischer Umgebung. Freilich sollte es – eine Spätfolge der Währungsreform vom Jahresende 1947 – das letzte Heft der verdienten Zeitschrift sein. Am 11. Februar 1948 schrieb Celan nach Bukarest an Margul-Sperber: *[...] dann kam ein Stillstand, die Uhr war stehngeblieben, es war eine schlechte Uhr. Ziffern hatte sie schon vorher nicht gehabt, jetzt aber standen auch die Zeiger still. Ein paar Besuche bei Basils, Freunden, Geschwätz und Diskussionen, die mich nicht interessierten, sonst nichts.* Doch im gleichen Atemzug dementiert Celan selbst dieses *sonst nichts* und schwärmt von einem neuen Förderer, dem aus dem Saarland stammenden surrealistischen Maler Edgar Jené, der Basil und dem «Plan» gleichfalls nahestand – *er wurde mein hiesiger Sperber – oh, gewiß ein kleinerer als Sie!*[89] Der junge Autor hatte, entgegen seiner eigenen pessimistischen Darstellung, binnen weniger Wochen viele neue Freunde und vor allem Anschluß an die kleine, aber dynamische Wiener Szene surrealistischer Maler und Literaten gefunden, die einer der Brennpunkte eines neuen kulturellen Lebens nach dem Ende der Nazizeit war. Zeitweise wohnte er sogar in Jenés Atelier am Althanplatz. Am 3. April 1948 las er im Rahmen einer surrealistischen Ausstellung der Agathon-Galerie surrealistische Lyrik, darunter auch eigene Gedichte. Seine Nähe zu dieser Szene ging immerhin so weit, daß er sich in einem Brief an Sperber – wie immer scherzhaft – als *einflußreichsten (einzigen) Kardinal* von Jené als dem ‹Papst› des Surrealismus bezeichnete.[90]

> [...] möchte ich Ihnen doch gern sagen, daß Paul Celan *der* Dichter unserer westöstlichen Landschaft ist, den ich ein halbes Menschenalter von ihr erwartet habe und der diese Gläubigkeit reichlich lohnt. [...] Ich für mein Teil glaube, daß Celans Gedichte das einzige lyrische Pendant des Kafkaschen Werkes sind.
>
> Alfred Margul-Sperber, Brief an Otto Basil, 1947

Und es kam zu einem zweiten, nahezu gleichzeitigen Debüt Celans im deutschsprachigen Raum. Margul-Sperber hatte nicht nur an Basil in Wien, sondern auch an Max Rychner, den renommierten Feuilletonchef der «Tat» in Zürich, geschrieben. Am 7. Februar 1948 brachte dieser sieben Gedichte Celans, wenn auch mit einer fehlerhaften biographischen Notiz versehen. Rychner war ein eminenter Kenner mit unbestechlichem Urteil. Daß Paul Celan von jetzt an einen Fürsprecher in ihm hatte, war wichtig.

Das literarische Wien von 1948: das war bereits eine Vielfalt von Szenen und Tendenzen. Zwar weilten die großen Exilierten – Musil, Werfel und Horváth, Stefan Zweig und Ernst Weiß – nicht mehr unter den Lebenden. Andere, wie Broch, Sperber und Canetti oder die jungen Erich Fried und Jean Améry, waren nicht zurückgekehrt. Aber es gab dennoch ein lebendiges und buntes literarisches Leben. Zu ihm gehörte für einige Jahre auch Alfred Gong, der einstige Mitschüler Celans, wie er 1920 in Czernowitz geboren. Dessen Eltern waren 1941 von den Russen als «bourgeois» klassifiziert und nach Sibirien deportiert worden. Gong selbst (er hieß bis 1949 Alfred Liquornik) gehörte zu den von den Rumänen nach Transnistrien Verbrachten. Er hatte vermutlich Ende 1942 aus einem Lager fliehen und sich nach Bukarest durchschlagen können. Dort fristete er ein kümmerliches Leben, bis er sich – ein Jahr vor Celan – nach Wien absetzen konnte, wo er bis zu seiner Auswanderung nach New York im Jahre 1951 als Journalist, Hauslehrer und Dramaturg lebte. Man hatte sich bereits in Bukarest gelegentlich gesehen und traf sich nun, offenbar zufällig, in Wien wieder. Auch Gong schrieb Gedichte, mehr als 160 hatte er mitgebracht und gab sie Paul Celan zu lesen, der sie auf Bitten Gongs regelrecht korrigierte. Die erhaltene Handschrift dieser zwischen 1941 und 1945 entstandenen Texte Gongs mit Celans zahlreichen Verbesserungsvorschlägen ist ein bedeutsames Dokument. Es zeigt Gong, der später in den USA die beiden Lyrikbände «Gras und Omega» und «Manifest Alpha» herausbrachte, als den nach Celan begabtesten und faszinierendsten Lyriker dieser Generation aus der Bukowina. Seine Gedichte sind, ähnlich denen von Weißglas, an Heine geschult, und, radikaler als die von Weißglas, durchweg ironisch, sarkastisch, ja von rabenschwarzem Humor durchtränkt. Celans Einträge sind zahlreich, beschränken sich aber offenbar bewußt auf stilistische Alternativen und rhythmische Harmonisierungen. Mit Celans Weggang von Wien verliert sich freilich der Kontakt der beiden Poeten.[91]

Daß Celan in seinem Wiener Halbjahr auch seinen Jugendfreund Erich Einhorn wiedergesehen hat, läßt sich nicht sicher belegen. Einhorn war, wie erwähnt, 1941 in die Sowjetunion gegangen; am 1. Juli 1944 hatte Celan ihm aus Kiew geschrieben. Einhorn hatte zunächst weiterstudiert und war dann, als Angehöriger der Roten Armee, Dolmetscher im Generalstab von Marschall Schukow in Berlin und später, von 1946 bis 1949, in Wien geworden. Wann genau und wo das von Einhorn gesprächsweise erwähnte Treffen mit Celan stattfand, ist nicht mehr feststellbar (Einhorn starb 1974). Immerhin fand sich in Einhorns Nachlaß eines der seltenen Exemplare des sogenannten Typoskripts von 1944 (93 von Celan zusammengestellte Gedichte), das er eigentlich nur vom Freund persönlich in Wien bekommen haben kann, sowie das «Plan»-Heft mit Celans Gedichten. Daß ein solches Treffen – absurderweise – konspirativen Charakter hätte haben müssen, ergibt sich aus der Konstellation: Einhorn war sowjetischer Offizier und Geheimnisträger, Celan politischer Flüchtling aus mittlerweile sowjetischem Hoheitsgebiet.[92]

Doch zurück zur literarischen Szene. Es gab nicht nur die dezidiert avantgardistische Szene um Basil und Jené, die sich um die «schwarz-rote Fahne des Surrealismus» scharte, sondern auch eine weniger programmatische junge Literatur, deren Mentor und Förderer Hans Weigel war. Weigel, 1908 geboren und 1945 aus dem Schweizer Exil zurückgekehrt, erkannte rasch die großen Begabungen der neuen Generation, allen voran Ilse Aichinger (ihr Roman «Die größere Hoffnung» erschien bereits Ende 1947) und Ingeborg Bachmann. Weigel traf sich, mehr dann noch in den frühen fünfziger Jahren, fast täglich mit den jungen Adepten im Café Raimund, las, lobte und kritisierte ihre Texte – und verhalf ihnen zur Veröffentlichung. In diesem Kreis verkehrten auch zwei Autoren (beide vom Jahrgang 1923), mit denen Celan über das Wiener Halbjahr hinaus eine vertrauensvolle Freundschaft verband: der aus Serbien gebürtige Milo Dor, den die Nazis als Widerstandskämpfer gefoltert hatten (sein erster Roman «Tote auf Urlaub» berichtet davon), und Reinhard Federmann, der schwer am Schicksal seiner von der Naziherrschaft gezeichneten Familie trug.[93] Dors Erinnerung an die Wiener Zeit mit Celan trifft die damalige Stimmung genau: «Wir hatten die gleichen Ansichten über die Nazis und über die Kommunisten, wir hatten keine Illusionen mehr und machten uns doch irgendwelche Hoffnungen, sonst hätten wir nicht weiterleben können.»[94]

Im Kreis um Hans Weigel begegnete Paul Celan – vielleicht am *20. Jänner* 1948[95] – jener Frau, die eine große Liebe werden sollte: Ingeborg Bachmann. Die sechs Jahre Jüngere studierte schon länger als ein Jahr Philosophie in Wien, als Celan dort ankam. Später arbeitete sie an einer Dissertation zum Thema «Die kritische Aufnahme der Existentialphilosophie Martin Heideggers», mit der sie im März 1950 zum Dr. phil. promovierte. Doch auch ihr Ehrgeiz galt der Literatur, damals noch mehr einem Prosaprojekt (dem später von ihr fast vollständig vernichteten Roman «Stadt ohne Namen») als dem Schreiben von Gedichten. Ingeborg Bachmann lebte in dieser Zeit mit dem deutlich älteren Hans Weigel zusammen, aber die wechselseitige Faszination zwischen den beiden Jüngeren war so machtvoll, daß die neue Liebesbeziehung die ältere rasch verblassen ließ (Weigel kolportiert seine Version dieses «Dreiecks» in dem – so er selbst – «Schlüsselroman» «Unvollendete Symphonie» von 1951 [96]). Da der umfangreiche Briefwechsel Bachmann – Celan nicht zugänglich ist und überdies die beiden einzelgängerischen Autoren von skrupulöser Diskretion waren, fehlen Quellen, die das Geheimnis dieser Begegnung aufhellen könnten. Gleichwohl gibt es poetische Zeugnisse – Gedichte beider Autoren und Prosatexte von Bachmann –, die den Reichtum und die schmerzlichen Widersprüche dieser Beziehung eindrucksvoll sichtbar machen. Es ist eine ganze Kette literarischer Korrespondenzen, von Sätzen und Gegen-Sätzen, die 1948 beginnt und bis über Celans Tod hinaus an Bachmanns letztes Lebensjahr 1973 heranreicht. Wenn hier aus diesen Zeugnissen zitiert wird, so geschieht das immer mit dem Vorbehalt, daß diese Texte nicht mit strikt autobiographischen verwechselt werden dürfen, aber zugleich auch in dem – beiden Autoren eigenen – «Bewußtsein von der unauflöslichen Verflechtung zwischen literarischer Fiktion und Biographie» [97].

In einer späten Erzählung Bachmanns, «Drei Wege zum See», begegnet der jungen Frau namens Elisabeth ein Mann namens Trotta. «Die ersten Tage, in denen sie Trotta suchte und floh und er sie suchte und floh, waren das Ende ihrer Mädchenzeit, der Anfang ihrer großen Liebe, [...] die unfaßlichste, schwierigste zugleich, von Mißverständnissen, Streiten, Aneinandervorbeisprechen, Mißtrauen belastet, aber zumindest

Ingeborg Bachmann,
1952

hatte er sie gezeichnet, [...] weil er sie zum Bewußtsein vieler
Dinge brachte, seiner Herkunft wegen, und er ein wirklich Exilierter und Verlorener, sie, eine Abenteurerin, die sich weiß Gott
was von der Welt für ihr Leben erhoffte, in eine Exilierte ver-
wandelte, weil er sie, erst nach seinem Tod, langsam mit sich
zog in den Untergang, sie den Wundern entfremdete und ihr die
Fremde als Bestimmung erkennen ließ.»[98]

Nun, «Elisabeth» ist nicht Bachmann und «Trotta» nicht
Celan, überdies mahnt der Abstand von «mehr als zwei Jahrzehnten» (so heißt es in der gleichen Passage) zur Vorsicht.
Dennoch erhellt dieser Teil der Erzählung Wesentliches an
der dilemmatischen Liebe, um die es hier geht. Ingeborg
Bachmann war keine Jüdin, vielmehr war sie durch den «Anschluß» Österreichs von ihrem zwölften bis zu ihrem neun-
zehnten Lebensjahr Staatsbürgerin des Großdeutschen Reiches gewesen. In ihren Wiener Jahren, und nicht zuletzt durch

ihre Begegnung mit Paul Celan, wurde ihr vollends bewußt, daß die Nazizeit in ihrer Essenz das größte Massenverbrechen der Weltgeschichte bedeutete, den Mord an den Juden. Die Begegnung zwischen ihr und Celan, dem «wirklich Exilierten und Verlorenen», barg deshalb von Anfang an eine Fremdheit, die leicht zur Entfremdung werden konnte.

Wie bewußt Celan diese Konstellation war, zeigt vor allem das Gedicht *In Ägypten* (I, 46), das Anfang 1949 entstand und in dem Widmungsexemplar von *Mohn und Gedächtnis*, das Celan bei Erscheinen des Bandes 1952 Ingeborg Bachmann schenkte, mit dem Kürzel *f.D.* (für Dich) versehen ist – wie noch 22 weitere Gedichte.[99] Der hier sich selbst anredet (*Du sollst zum Aug der Fremden sagen: Sei das Wasser*) und neun Gebote nach dem Muster des Dekalogs formuliert, befindet sich, als Jude, *in Ägypten*, also im Sinne der Bibel in der Fremde und unter Fremden. Das gilt auch für die Liebe. In der Wirklichkeit, die Paul Celan und Ingeborg Bachmann lebten, war die Gefährdung einer solchen «fremden» Liebe stets gegenwärtig. Die beiden hatten, außer ihrem persönlichen Hingezogensein zueinander, die beglückende Gemeinsamkeit der deutschen Dichtersprache und der Kulturtraditionen der Donaumonarchie. Auch teilten sie den Haß auf die NS-Herrschaft und ihre Verbrechen. Und gleichzeitig waren sie für immer getrennt durch die schroffe Gegensätzlichkeit ihrer Herkünfte und Lebensläufe: hier der mit zuweilen übermächtigen Schuldgefühlen beschwerte Jude, dort die Deutsch-Österreicherin, wie ahnungslos sie als Jugendliche auch immer gewesen war. Dennoch ist diese Begegnung Inspiration für eine Vielzahl von großen Liebesgedichten geworden. Paul Celans Werk – das zeigt später, 1955, nicht minder der der Ehefrau Gisèle Celan-Lestrange gewidmete Band *Von Schwelle zu Schwelle* – steht nicht nur im Zeichen des Todes, des Thanatos, sondern auch des Eros.[100] Eines der schönsten von diesen Gedichten ist *Corona* aus dem Jahre 1948. In dem sehr bewußt komponierten Band *Mohn und Gedächtnis* (1952) steht es zwischen dem entschieden aggressiven, blasphemischen Gedicht *Spät und tief* und der (früheren) *Todesfuge*, beide von Chören der Ermordeten gesprochen.

Aus der Hand frißt der Herbst mir sein Blatt: wir sind Freunde.
Wir schälen die Zeit aus den Nüssen und lehren sie gehn:
die Zeit kehrt zurück in die Schale.

Im Spiegel ist Sonntag,
im Traum wird geschlafen,
der Mund redet wahr.

Mein Aug steigt hinab zum Geschlecht der Geliebten:
wir sehen uns an,
wir sagen uns Dunkles,
wir lieben einander wie Mohn und Gedächtnis,
wir schlafen wie Wein in den Muscheln,
wie das Meer im Blutstrahl des Mondes.

Wir stehen umschlungen im Fenster, sie sehen uns zu von der
    Straße:
es ist Zeit, daß man weiß!
Es ist Zeit, daß der Stein sich zu blühen bequemt,
daß der Unrast ein Herz schlägt. Es ist Zeit, daß es Zeit wird.

Es ist Zeit.   (I, 37)

Das mahnende *Es ist Zeit* hat eine lange Tradition, von der Bibel
(Psalm 102) bis zu Rilkes berühmtem Gedicht «Herbsttag» –
zumeist in Verbindung mit der Anrufung des Herrn, die hier
fehlt. Es ist der Liebesakt, eine erfüllte Liebe, die, *wie Mohn und
Gedächtnis*, rauschhaftes Vergessen mit unbeirrbarem Einge-
denken an die Toten, dem orphischen Weg *hinab*, verbindet
und auf solche Weise, den Schrecken des Todes zum Trotz, den
utopischen Augenblick des *Es ist Zeit* Wirklichkeit werden
läßt. Faszinierende surreale Bilder wie *daß der Stein sich zu
blühen bequemt* bannen diesen Augenblick sprachlich. Andere
Gedichte wie *Chanson einer Dame im Schatten, Nachtstrahl, Lob
der Ferne, Das ganze Leben, Auf Reisen, Brandmahl, Kristall* oder
Stille! (manche dann schon 1948/49 in Paris entstanden) evo-
zieren diesen mystischen Moment in ähnlicher Weise, wobei

die surreal anmutenden Bilder nun nicht mehr einer erlernba-
ren Technik folgend entstehen, sondern ganz und gar Celans
eigene sind.

Auch nach Celans Übersiedlung nach Paris war die Beziehung zu Ingeborg Bachmann noch über ein Jahrzehnt lang
wichtig für beide, bis 1961 die Korrespondenz verstummte.
Dennoch blieb die Erinnerung an eine große Liebe mächtig,
wie auf ergreifende Weise Bachmanns großes Romanfragment
«Malina» beweist, das sie selbst eine «imaginäre Autobiographie» genannt hat.[101] Die in ihm enthaltene märchenhafte Erzählung «Die Geheimnisse der Prinzessin von Kagran» war
schon vor Celans Tod Ende April 1970 entstanden, erfuhr aber
danach eine tiefgreifende Umarbeitung. Die Geschichte von
der zweitausend Jahre zurückliegenden Begegnung zwischen
der schönen Prinzessin und dem «Fremden in dem schwarzen
Mantel» wird nun bis an den Tod dieses Mannes herangeführt.
Zweimal war die Prinzessin dem Fremden schon begegnet, «er
lächelte aus den dunklen warmen Augen auf sie nieder» und
«erweckte sie aus ihrem totenähnlichen Schlaf». Ein vertrautes Gespräch ist noch möglich – «Die Prinzessin und der Fremde begannen zu reden wie von alters her, und wenn einer rede-
te, lächelte der andere. Sie sagten sich Helles und Dunkles.»
Aber auch beim zweiten Mal kann der Fremde sie nicht begleiten, weil er zurück muß zu seinem Volk, «älter als alle Völker
der Welt und [...] in alle Winde zerstreut».[102] Später nimmt
der «Traum vom Fremden» die «Legende» wieder auf und
führt sie zu einem schrecklichen Ende. Ein drittes Mal hat die
Frauengestalt (jetzt nicht mehr die Prinzessin, sondern die Ich-
Erzählerin selbst) den Fremden getroffen. Man wartet gemeinsam auf den Abtransport ins Vernichtungslager. Auf ein wiederum vertrautes, liebevolles Gespräch folgt die erneute und
endgültige Trennung. Die Erzählerin (einmal als Prinzessin
von Kagran angesprochen) träumt die Deportation des Geliebten im Lastwagen durch die Donau hindurch – und seinen
Tod: «Mein Leben ist zu Ende, denn er ist auf dem Transport im
Fluß ertrunken, er war mein Leben. Ich habe ihn mehr geliebt
als mein Leben.»[103] Dieser lakonische Satz in der Mitte – «er

ist auf dem Transport im Fluß ertrunken» – ist einer der großen Sätze der deutschen Literatur seit 1945. Der Lebenslauf eines Menschen, der von den Schrecken der Epoche gezeichnet ist, wird elliptisch in einen Satz zusammengezogen, der gleichwohl die Auskunft enthält, daß es Deportation («Transport») und Vernichtung der Juden waren, die, um 25 Jahre verzögert, zum Tod dieses Menschen geführt haben. Der Satz ist stimmig auf der Ebene der Traumerzählung – die Gruppe der Deportierten durchquert den Fluß Donau –, aber seine tiefere Wahrheit liegt auf einer anderen Ebene. Das Ertrinken ist nur die Todesart; die Todesursache ist der Massenmord an den Juden und das dadurch ausgelöste Schuldsyndrom des Davongekommenen. Daß alle Sequenzen von «Malina», die um diesen «Fremden» kreisen, auf Paul Celan verweisen, legen die zahlreichen Zitate aus Gedichten Celans, die Bachmann zugeeignet waren (z. B. aus *Corona* und *Stille!*), in diesen Teilen des Romans nahe.[104] Ein erstes Mal hatte die Autorin bereits in einigen Gedichten des Bandes «Die gestundete Zeit» von 1953 auf Celans Verse geantwortet, zum Beispiel in «Dunkles zu sagen» und «Paris». Im Geflecht all dieser Texte ist ein sehr ernstes, dichtes intertextuelles Spiel entstanden, das die Beziehung zwischen den beiden Dichtern tiefsinnig aufbewahrt.

Paul Celans erste selbständige Buchveröffentlichung war kein Gedichtband, sondern ein Essay, der dreißig Lithographien des surrealistischen Malerfreundes Edgar Jené begleitete. Im August 1948, als der Autor Wien schon verlassen hatte, erschien sein *Edgar Jené. Der Traum vom Traume* – ein programmatisches Manifest in eigener Sache. Celan spricht hier ein regelrechtes Verdikt gegen das *Königswasser des Verstandes* und die *heiliggesprochene Vernunft* als Quellen der Poesie. Nicht aus ihnen sieht er *das Neue also auch Reine entstehen*, sondern in der *Tiefsee der Seele*. Gegen die am Ende des Dritten Reiches übriggebliebene *tausendjährige Last*, die *Asche ausgebrannter Sinngebung* setzt der Autor mit Emphase eine Schöpfung, die *aus den entferntesten Bezirken des Geistes kommen mußte, Bilder und Gebärden, traumhaft verschleiert und traumhaft entschleiert, […] da Fremdes Fremdestem vermählt wird*. Sein *Herz* erfahre nun, so fährt der Autor fort, *da es meine Stirn bewohnt, die Gesetze einer neuen, unausgesetzten und freien Bewegung*, das Erlebnis der *Freiheit* (III, 155–161).

Der erste Gedichtband *Der Sand aus den Urnen*, der im Monat darauf in dem kleinen Verlag A. Sexl in Wien in einer Auflage von 500 Exemplaren herauskam und 48 Gedichte von den frühen vierziger Jahren bis in das Jahr 1948 hinein vereinigte, auch die *Todesfuge*, entsprach diesem immer noch surrealistisch inspirierten Manifest vollauf. Allerdings war ihm keine Wirkung beschieden, weil der Autor den Verlag von Paris aus telegraphisch anwies, das Buch einzustampfen. Er war über die große Zahl zum Teil sinnentstellender Druckfehler verärgert, auch sagten ihm mittlerweile die beiden beigefügten Lithographien von Jené nicht mehr zu. Schließlich mag für Celan binnen weniger Monate die ganze Konzeption des Bandes fragwürdig geworden sein. So kommt es, daß der bedeutendste Lyriker der Nachkriegszeit zwar schon 1948 ein doppeltes Buchdebüt hatte, aber dennoch für weitere vier Jahre unbekannt blieb. An seinem Lebensplan, ein deutscher Dichter zu sein, zweifelte er jedoch nicht mehr. Im August 1948 schrieb er aus Paris an Verwandte in Israel: *Ihr merkt, daß ich versuche, Euch zu sagen, daß es nichts in der Welt gibt, um dessentwillen ein Dichter es aufgibt zu dichten, auch dann nicht, wenn er ein Jude ist und die Sprache seiner Gedichte die deutsche ist.*[105]

Erst kurz vor seiner Abreise aus Wien machte Celan eine durch Ingeborg Bachmann vermittelte Bekanntschaft, die zu einer der engsten Freundschaften seines Lebens werden sollte – mit dem sieben Jahre jüngeren angehenden Kunsthistoriker und Lyriker Klaus Demus und dessen späterer Frau Anna (Nani) Meier. Doch selbst diese Freundschaften konnten Celan nicht in Wien halten. *Ich singe vor Fremden*, hatte es in einem der Gedichte aus dieser Zeit geheißen (I, 31). Für den Rest seines Lebens ging er in eine nun auch, und neuerlich, Sprachfremde, nach Paris.

Paris I

VOM «SCHÖNEN GEDICHT» ZUR «GRAUEREN SPRACHE»

Paris 1948 – 1958   Nach seinem ersten Dreivierteljahr Paris schreibt Paul Celan am 3. März 1949 an Max Rychner in Zürich, *daß ich sehr einsam bin, und mir keinen Rat weiß mitten in dieser wunderbaren Stadt, in der ich nichts habe als das Laub der Platanen.* Dennoch glaube er, so fährt er fort, *in meiner Einsamkeit, oder gerade durch meine Einsamkeit, manches vernommen zu haben, was diejenigen, die eben erst Trakl oder Kafka entdecken, noch nicht gehört haben.*[106]

Damit sind wichtige Stichworte genannt, die Celans Leben und Schreiben in Paris und ebenso, vorwegnehmend, seine höchst problematische Rezeption in Westdeutschland seit 1952 betreffen. Nichts wurde einfacher, als Celan nach Paris ging. Bukarest war noch kein Exil gewesen. Die Freunde waren zahlreich, das Milieu vertraut, die erste Brotarbeit befriedigend. Wien muß man schon ein halbes Exil nennen. Celan war kein österreichischer Staatsbürger, er fand keine vernünftige Arbeit und litt unter ständiger Geldnot. Zwar gab es enge Freunde und Vertraute und zum Ende hin deutliche Schritte in die literarische Öffentlichkeit, aber die Nazivergangenheit war auch in Österreich allenthalben spürbar, als ein Teil der Gegenwart. Celans Gang in das wirkliche und endgültige Exil Paris war auch eine Flucht vor Deutschland und den Deutschen, Deutschsprechenden als permanenter Umgebung. Jetzt in Paris war er zunächst ein wahrhaftiger Niemand: staatenlos, besitzlos, arbeitslos, namenlos. Es brauchte Jahre, bis er in allen diesen Hinsichten ein Jemand wurde. Der «Pariser» Onkel Bruno Schrager, den er 1938/39 in der Rue des Écoles besucht hatte, war in Auschwitz vergast worden. Celan nahm jetzt in der gleichen Straße, ganz in der Nähe der Sorbonne, im schlichten Hôtel d'Orléans sein Quartier, wo er bis 1953 wohnen blieb.

Eine entfernte Tante gab es noch, Hilde Ehrlich[107], aber im Grunde war Paul Celan in Paris mutterseelenallein. Max Rychners besorgte Bitte, daß die Stadt «nicht allzu hart umspringen möge» mit dem jungen Autor[108], war nicht unbegründet.

Das intellektuelle und künstlerische Paris um das Jahr 1950 hatte viele Gesichter. Walter Benjamin hatte es die «Hauptstadt des 19. Jahrhunderts» genannt. Lange schon war es der klassische Ort unfreiwillig und freiwillig Exilierter, von Heinrich Heine bis zu Samuel Beckett. Hier hatte Rilke «Die Aufzeichnungen des Malte Laurids Brigge» geschrieben, die Celan viel bedeuteten; hier lebten die Surrealisten Breton, Aragon und Eluard, die Maler Picasso, Max Ernst und Brancusi, aber auch die existentialistischen Denker Albert Camus und Jean-Paul Sartre. Sogar eine bedeutende rumänische Szene gab es, deren wichtigste Köpfe Tristan Tzara, Eugène Ionesco, Mircea Eliade und bald auch E. M. Cioran waren. Henri Michaux und (zeitweise) René Char lebten und schrieben in Paris, und damit sind schon Namen von Dichtern genannt, die Celan bald wichtig wurden, die er übersetzte und denen er auch menschlich nahekam. Doch das war noch ferne Zukunft.

Zwischen 1948 und 1952 erlebte Celan, mit Brecht zu sprechen, die «Mühen der Ebenen». In einer biographischen Notiz zur Veröffentlichung einiger Gedichte in der Anthologie «Stimmen der Gegenwart 1951», die Hans Weigel herausgab, heißt es lapidar: «schlägt sich als Fabrikarbeiter, Dolmetscher und Übersetzer durch»[109]. Die erste literarische (Brot-)Übersetzung aus der Pariser Zeit war Jean Cocteaus «Der goldene Vorhang», die noch 1949 erschien. Viele andere folgten. Noch zwischen 1953 und 1955 ließ sich Celan aus Geldmangel auf die Übersetzung zweier Kriminalromane von Georges Simenon ein («Hier irrt Maigret», «Maigret und die schrecklichen Kinder»), wofür er vom Kiepenheuer & Witsch Verlag nicht gerade Lob erntete. Der Autor rechtfertigte sich gegenüber dem Verlag für seine nachlässige Arbeit damit, daß ihn der *recht mediokre – Originaltext nicht eben inspirierte*[110], und er war froh, als er die Angelegenheit hinter sich hatte. Außerdem gab Celan privaten Sprachunterricht in Deutsch und Französisch.

Erstausgabe der Übersetzung Celans von Georges Simenons «Maigret à l'école» bei Kiepenheuer & Witsch, Köln-Berlin 1955. Umschlag von Werner Labbé

So hielt sich der Staatenlose erst einmal über Wasser. Von Anfang an bewegte er sich im studentischen Milieu des Quartier Latin. Wohl schon seit dem Herbst 1948 war er als Student immatrikuliert, jetzt in den Fächern Germanistik und Allgemeine Sprachwissenschaft. Mit vier Jahren Verspätung (zuletzt war er 1944/45 Student gewesen) konnte sich Celan also noch einmal gründlichen Sprach- und Literaturstudien widmen. Im Juli 1950 schloß er sein Studium mit dem Erwerb der Licence ès-Lettres erfolgreich ab. Eine begonnene Diplomarbeit über Kafka gab er später auf. Immatrikuliert blieb er bis 1953.

Freilich, eigentlich wollte Paul Celan ein Autor sein, auch für die Öffentlichkeit. Doch damit ging es nicht recht voran. Die beiden Wiener Debüts waren quasi untergegangen, und in den Jahren 1949/50 erschienen nur spärlich neue Texte: ein paar Gedichte in der Zeitschrift «Die Wandlung», die Aphorismenfolge *Gegenlicht* in Rychners «Die Tat» in Zürich, schließlich eigene Gedichte und Übersetzungen von Texten Bretons, Aimé Cesaires und anderen in dem schönen Heft «Surrealistische Publikationen». Das war alles. Überdies entstanden nur wenige neue Gedichte. Der Pariser Anfang war hart und ernüchternd. Dann ließ sich der junge Autor gegen Ende des Jahres 1949 auf eine literarische und menschliche Beziehung ein, die für sein ganzes Leben unabsehbare und am Ende katastrophale Folgen haben sollte: das Ehepaar Yvan und Claire Goll.

In Kurt Pinthus' berühmter Anthologie expressionistischer Lyrik «Menschheitsdämmerung» hatte Goll sich seinerzeit so vorgestellt: «Iwan Goll hat keine Heimat: durch Schicksal Jude, durch Zufall in Frankreich geboren, durch ein Stempelpapier als Deutscher bezeichnet.»[III] Seit den zwanziger Jahren hatte er überwiegend französisch, später in den USA auch englisch gedichtet. Goll litt seit längerem an schwerer

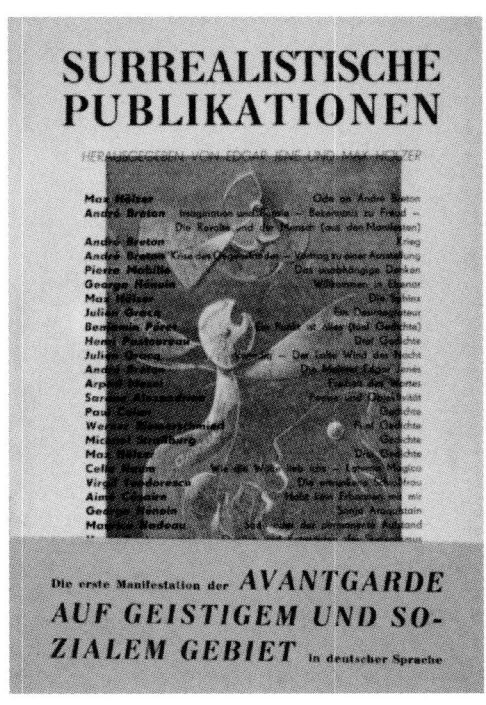

Im April 1950 erschien, mit Umschlag-Banderole, das erste Heft der «Surrealistischen Publikationen», herausgegeben von Edgar Jené und Max Hölzer, im Klagenfurter Verlag Josef Haid. Titelbild nach einer Zeichnung von Edgar Jené

Leukämie, die er, aus Straßburg kommend, ab Oktober 1949 im Amerikanischen Hospital von Paris behandeln ließ. Hier suchte

ihn Celan gleich am 6. November mit Grüßen von Margul-Sperber auf, schenkte ihm sein erstes Bändchen *Der Sand aus den Urnen* und kam fortan mehrmals in der Woche ins Krankenhaus, häufig mit Klaus Demus zusammen, der im Jahr 1949/50 in Paris studierte.

Seit 1947 arbeitete Goll an einer Sammlung von Gedichten in deutscher Sprache (den ersten seit den zwanziger Jahren), die seine Frau Claire 1951, nach seinem Tod, unter dem Titel «Traumkraut» ver-

Yvan Goll, Februar 1949

öffentlichte, sowie an einem zweiten deutschsprachigen Zyklus «Neila» (publiziert 1954). Auf Yvan Golls Bitten übersetzte Celan in diesen Monaten einige Gedichte aus dessen jüngstem Band «Élégie d'Ihpétonga suivi de Masques de cendre», die dem Älteren so gut gefielen, daß er den Wunsch äußerte, Celan möge diese Übersetzungsarbeit nach seinem Tode fortsetzen. Ja, seine Zuneigung reichte so weit, daß er «Paul Celan, poète, habitant à Paris» in seinem letzten Testament vom 9. Februar 1950 als eine von fünf Personen benannte, «die für einen Fond Claire et Yvan Goll verantwortlich zeichnen, falls seine als Universalerbin eingesetzte Frau, Claire Goll [...], vor oder gleichzeitig mit ihm sterben sollte»[112].

Als Yvan Goll am 27. Februar 1950 seiner Krankheit erlag, waren die Witwe Claire und Paul Celan, und mit ihm andere junge Dichter wie Klaus Demus, in Trauer vereint. Claire Goll rühmte noch bei der Herausgabe von «Traumkraut» 1951 in ihrem Vorwort, daß «junge Dichter» ihrem Mann in seinen letzten Lebensmonaten «ihr Blut geborgt hätten. Ja, sie kamen in Scharen, um dem Sterbenden die edelste aller Liebesgaben anzubieten.» Yvan Golls Herz habe «die rote Traumblume zur

Reife gebracht [...], weil es gespeist worden war mit dem Herz-blut von sechzehn Dichtern.»[113] Einer der Blutspender war Paul Celan. Daß mit der bereitwilligen Übernahme von Über-setzungen Gollscher Gedichte, um die ihn die Witwe in diesen Wochen bat, eine Kette von Anschuldigungen und Denunzia-tionen in Gang kam, die im Jahre 1960 ihren Höhepunkt er-reichte, konnte der junge Autor damals nicht ahnen. Später verwünschte er den Augenblick, in dem er dem Ehepaar Goll begegnet war.

Wohl 1949 reiste Celan zum ersten Mal wieder nach Lon-don, das er von seinem Besuch zu Ostern 1939 kannte, und nahm erneut Kontakt zu seiner Tante Berta Antschel auf. Hier lernte er eine Gruppe junger Exillyriker kennen, deren Spiritus rector der aus Prag stammende Franz Baermann Steiner war und die sich regelmäßig in Erich Frieds Wohnung zu Lesungen und Gesprächen traf. Ihr gehörten außerdem Hans Werner Cohn, Hans Eichner, Georg(e) Rapp und H. G. Adler an. Auch Michael Hamburger nahm gelegentlich, als Jüngster, an den Treffen teil. Freilich standen diese Lyriker nach wie vor über-wiegend in der klassisch-romantischen Tradition, F. Baermann Steiner zumal, den Celan gleichwohl sehr schätzte. Inwieweit die Londoner Dichterkollegen die Gedichte Celans in ihrer Be-deutung erkannten, ist nicht klar – einer tat es auf jeden Fall: der um ein halbes Jahr jüngere Erich Fried, dessen Vater in Wien ein Opfer der Nazis geworden war und der die Exilsitua-tion bereits seit 1938 kannte. Er widmete dem Kollegen um 1950 das Gedicht «Wer nicht ausgeht», das von einem tiefen Verständnis der Person und des bis dahin vorliegenden Werks Celans zeugt. Fried war denn auch einer der wenigen, der in seiner Besprechung von *Mohn und Gedächtnis* für das deutsche Programm der BBC London 1954 zu einem treffenden Urteil über diesen Band kam. Celan und Fried haben sich vor allem in den frühen fünfziger Jahren häufiger gesehen. Später wuchs die Distanz, zumal seit dem Sechs-Tage-Krieg Israels 1967, den Celan bejahte und Fried mit Kritik bedachte. Daß Fried von Celans Lyrik fasziniert blieb, bezeugen mehrere nach dessen Tod entstandene Gedichte, die Celan gewidmet sind bzw. sich mit Gedichten des andern und mit seinem Selbstmord auseinandersetzen.[114]

Ein Freundeskreis in Paris bildete sich nur langsam. Um 1950 gab es in Paris keine der Londoner zu vergleichende deutschsprachige Szene junger Poeten – Celan war ein Deutschsprechender unter Franzosen, ein Fremder unter Fremden, und das blieb noch lange so. Gewiß kamen ihm manche dieser «Fremden» nahe. Einer der ersten war Yves Bonnefoy, der ihm bis an seinen Tod heran eng verbunden blieb. «Sein Lächeln war», so schrieb Bonnefoy rückblickend, «obwohl es häufig die Aufwallungen des verletzten Gedächtnisses verschleierte, die Zärtlichkeit selbst. Seine Bewegungen hatten, vor allem in den ersten Jahren nach Wien – in der Zeit des Zimmers in der Rue des Écoles, der Mensen, der archaischen Schreibmaschine mit ihrem Peristyl eines griechischen Tempels, der Mittellosigkeit –, etwas Nonchalantes, und sein Kopf neigte sich in schöner Bewegung zur Schulter, als wollte er den Freund, von dem man sich für einen Tag trennt, nach lebhaften nächtlichen Gesprächen lange durch die sommerlichen Straßen begleiten.»[115] Eine kurze Liebesbeziehung entstand im August 1949, als Celan die junge Holländerin Diet Kloos, Musikstudentin und später Sängerin, kennenlernte. Sie war 1941 in einer Widerstandsgruppe aktiv geworden. Der Mann, den sie gerade geheiratet hatte, Jan Kloos, wurde Ende 1944 von der Gestapo verhaftet und einige Wochen später erschossen. Sie selbst wurde nach sieben Wochen Haft entlassen – verwitwet mit zwanzig Jahren. So verband der Haß auf die Nazis Diet Kloos und Paul Celan, aber doch auch ihre künstlerischen Neigungen und Diet Kloos' Offenheit für die Gedichte, die Celan ihr vorlas oder schickte. Die sehr persönlichen Briefe, die er an die Freundin richtete, sagen viel über seine existentiellen Nöte, seine Ortlosigkeit, die Macht der traumatischen Vergangenheit über seine Gegenwart.[116]

Im Herbst des Jahres 1950 kam es offenbar noch einmal zu einem Versuch von Ingeborg Bachmann und Paul Celan, ihre bereits in Wien so schwierige Beziehung fortzusetzen. Die Freundin zog im Oktober nach Paris, aber im Dezember ging sie nach Wien zurück. Ein Zusammenleben wollte nicht gelingen, weil, so schrieb sie an Hans Weigel, «wir aus unbekannten, dämonischen Gründen uns gegenseitig die Luft wegnehmen»[117].

Im November 1951 begegnete Paul Celan der Malerin und Graphikerin Gisèle de Lestrange, der er bis an sein Lebensende in Liebe verbunden bleiben sollte. Es war merkwürdig, daß die Frau, die fraglos der wichtigste Mensch in seinem ganzen Leben wurde – *un être vraiment exceptionel*[118], wie er Petre Solomon 1957 schrieb –, den Namen «die Fremde» trug, und natürlich war sich der Dichter dieser symbolischen Konstellation immer bewußt (gelegentlich sprach er liebevoll von seinem *Fräulein von Seltsam*). Gisèle de Lestrange war keine Jüdin, und sie sprach nicht Deutsch. Sie entstammte der französischen Aristokratie – einer Familie, die sich während der deutschen Okkupation still verhalten und mit der Résistance nichts im Sinn gehabt hatte. Überdies war das Mädchen streng katholisch erzogen worden. Die Distanz der zwei Lebensgeschich-

Gisèle Celan-Lestrange bei der Arbeit

89

ten, die hier aufeinandertrafen, war also beträchtlich. Aber Gisèle de Lestrange war eine souveräne, selbstbestimmte, von Vorurteilen freie Frau, und zudem war sie eine hochbegabte, sensible Künstlerin. So entstand eine zutiefst liebevolle, in der wechselseitigen künstlerischen Inspiration fruchtbare Beziehung, die auch den seelischen Erschütterungen des Autors seit den Diffamierungen des Jahres 1960 standhielt, im Grunde noch über die Trennung im Jahr 1967 hinaus.

Im Sommer 1952 trafen sich Paul Celan und «die Fremde» mit den Wiener Freunden, Klaus Demus und Nani Meier, am Millstädter See in Kärnten – es war, als ob Celan sich der Zustimmung seiner nach wie vor engsten Freunde zu einer Entscheidung von großer Tragweite versichern wollte. Am 23. Dezember dieses Jahres heirateten Paul Celan und Gisèle de Lestrange in Paris. Im Oktober 1953 kam ein Kind zur Welt, der Knabe François, der freilich bald nach der Geburt starb. Das Gedicht *Grabschrift für François* spricht von diesem Verlust. Im Juni 1955 wurde der Sohn Claude François Eric geboren – Paul Celan wählte die Namen des verschollenen Freundes Erich Einhorn und des erreichbaren Wiener Freundes Klaus Demus als Namenspatrone. Im gleichen Sommer 1955 wurde Paul Celan, nach mehreren vergeblichen Anläufen, auch endlich als Franzose eingebürgert – übrigens immer noch unter dem Namen «Paul Antschel». Dem «Fremden» war es gelungen, eine bürgerliche Existenz zu gründen und ihre schönen Seiten zu genießen. Dazu gehörte vor allem die Beziehung zu seinem kleinen Sohn Eric. Paul Celan, das bezeugen alle, die ihn kannten, war ein begeisterter, liebevoller Vater. Ab 1957 hatten die Celans in Paris endlich eine ordentliche Wohnung im schönen Trocadéro-Viertel, und Paul Celan ein Zimmer für sich. Ab 1962 verfügte die Familie auch über ein altes Bauernhaus in Moisville in der Normandie, in dem sie sich oft aufhielt und Freunde zu Besuch empfing. Für Celan selbst war Moisville ein wichtiger Rückzugsort gerade fürs Schreiben.

Die Jahre 1952 bis 1955 sind aber nicht nur für die private Existenz Celans entscheidend, sondern auch für die des Autors. Es war der denkwürdige Auftritt Celans auf der Tagung der Gruppe 47 in Niendorf an der Ostsee im Mai 1952, der diese Autorschaft begründete und zugleich in geradezu symbolischer Weise offenbarte, daß dies, gegenüber einem deutschen Publikum, nie eine ‹normale› Autorschaft würde sein können. Den Anstoß hatte der Freund Milo Dor in einem Brief an den «Gruppenchef» Hans Werner Richter vom September 1951 gegeben. Ingeborg Bachmann, die Richter im April 1952 auf seiner Wien-Reise kennenlernte und nach Niendorf einlud, wiederholte Dors Bitte, Celan einzuladen, «einen Freund in Paris, der sei sehr arm, unbekannt wie sie selbst, schreibe aber sehr gute Gedichte, bessere als sie selbst»[119].

Tatsächlich lud Richter Celan ein, und dieser kam zum ersten Mal nach Deutschland seit seiner denkwürdigen Reise über das Berlin der Nazizeit am 10. November 1938. Nun könnte man, entsprechend dem mythischen Nimbus von Antifaschismus und linker Weltanschauung, der sich um die Gruppe 47 rankt, vermuten, daß Celan beim Niendorfer Treffen unter

Paul Celan, Ingeborg Bachmann, Milo Dor und Reinhard Federmann (v. r.) bei der Gruppe 47 in Niendorf an der Ostsee, Mai 1952

Gleichgesinnte und Vertraute gekommen wäre. Alte Nazis waren nicht zugelassen, die Jüngeren unter sich und geeint in ihrer vehementen Ablehnung des Hitler-Regimes und der restaurativen Tendenzen in der jungen Bundesrepublik. Bei diesem Gruppenbild (mit sehr wenigen Damen) wird leicht vergessen, daß die von Richter Eingeladenen in diesen frühen Jahren fast alle ein und dieselbe Biographie hatten: Sie waren, meist über Jahre, Soldaten der Deutschen Wehrmacht gewesen, und die bemerkenswerten Sätze des späten Deserteurs Alfred Andersch: «Die Junge Generation stand für eine falsche Sache. Aber sie stand», hätten wohl die meisten von ihnen unterschrieben.[120] Der «Ur-Zustand der Gruppe», so Rolf Schroers (ein oftmaliger Zeuge bei Tagungen, mit dem Celan einen seiner intensivsten Briefwechsel führte), war derjenige «ungehobelter Kameraderie, der Hemdsärmligkeit, der geschlossenen Duzbrüderschaft, dieses tatsächlich etwas ‹Obergefreitenhafte-nach-Entfernung-der-Vorgesetzten›».[121] Celan selbst sprach gegenüber dem Freund Hermann Lenz von *diesen Fußballern*.[122] Die sehr eigentümliche kollektive Kriegserinnerung dieses Männerbundes, mit der man sich vor sich selbst und gegenüber der Öffentlichkeit legitimierte, war aus einer völlig anderen Welt als der des Czernowitzer Juden. Entsprechend fiel die Reaktion auf dessen Lesung, zumal der *Todesfuge*, aus. «Als Celan zum ersten Mal auftrat», so erinnert sich Walter Jens, «da sagte man: ‹Das kann doch kaum jemand hören!›, er las sehr pathetisch. Wir haben darüber gelacht. ‹Der liest ja wie Goebbels!› sagte einer. Er wurde ausgelacht [...] Die *Todesfuge* war ja ein Reinfall in der Gruppe! Das war eine völlig andere Welt, da kamen die Neorealisten nicht mit, die sozusagen mit diesem Programm großgeworden waren.»[123]

Jens akzentuiert zu Recht den Unterschied der ästhetischen Orientierungen, des Geschmacks. Aber es war doch vor allem einer der existentiellen Erfahrung; ein Unterschied in dem, was man von der Nazivergangenheit erinnern wollte – oder mußte. Das jüdische Schicksal, der Massenmord an den Juden wurde von den 47ern lange mit Schweigen übergangen. Und daß man Celans Leseweise, noch dazu in seiner Gegenwart, mit der von Goebbels verglich, zeugte von bemerkenswerter Fühllosigkeit. Hans Werner Richter machte es wenig später nicht besser, wenn er von «Singsang [...] wie in einer Synagoge» sprach (wenn er sich auch hernach dafür entschuldigte).[124] Kurz, der jüdische Autor betrat in Niendorf «eine völlig fremde, ja feindselige Welt».[125] Gleichzeitig – und diese Ironie des Schicksals sollte Celan noch manchmal erfahren – initiierte der kränkende Auftritt seinen literarischen Durchbruch. Ernst Schnabel lud ihn zu einer Lesung beim Rundfunk in Hamburg ein, und Willi A. Koch, der Cheflektor der Deutschen Verlags-Anstalt in Stuttgart, bot Celan einen Vertrag für einen Gedichtband an. Noch im Herbst des Jahres 1952 konnte *Mohn und Gedächtnis* erscheinen.

Celans erster offizieller Gedichtband enthält Gedichte aus dem Zeitraum von 1944/45 bis 1952, die ersten noch im Übergang von Czernowitz nach Bukarest, die letzten schon mit der Erfahrung von mehreren Jahren Paris geschrieben. Insofern manifestiert das Buch in seinen vier Abschnitten auch ästhetisch Stufen einer Entwicklung. Der Reim, der im ersten Teil von *Der Sand aus den Urnen*, betitelt *An den Toren*, noch völlig bestimmend war, wird problematisch und verschwindet fast ganz. Die (daktylische) Langzeile spielt noch eine wichtige Rolle, aber auch sie verliert, zugunsten kürzerer Verse, ihre Dominanz. Thematisch schreitet der Band die vielfältigen Bedeutungen, die in den beiden Titelwörtern liegen, aus. Viele Gedichte wiederholen den Gang des Orpheus ins Totenreich, der schon Rilkes «Sonette an Orpheus» erfüllte: «Nur wer mit Toten vom Mohn / aß, von dem ihren, / wird nicht den leisesten Ton / wieder verlieren.»[126] Erst der *Mohn*, das Eintauchen in Traum,

Celans Pariser Wohnungen

1948–53	Hôtel d'Orléans (später Hôtel de Sully), 31, Rue des Écoles (5e), Nähe Sorbonne
1953–55	5, Rue de Lota (16e)
1955–57	29 bis, Rue Montevideo (16e)
1957–67	78, Rue de Longchamp (16e)
1967–69	24, Rue Tournefort (5e)
1969–70	6, Avenue Émile Zola (15e)

Rausch und Vergessen, ermöglicht das lebendige *Gedächtnis* der Toten (das Wort im Sinne des Lukas-Evangeliums, Kap. 22, Vers 19, verstanden). Das Gedenken an die ermordete Mutter bleibt bestimmend, sie ist *Der Reisekamerad* nach Paris und überallhin, sie ist der «Vormund» eines jeden Gedichts als ihres *Mündels* (I, 66).

Mohn und Gedächtnis ist aber auch ein Buch der Liebesgedichte, und nicht selten wird der Liebesakt, als heilige, rituelle Handlung verstanden, zum Ort des Totengedenkens, so in *Erinnerung an Frankreich* mit seiner vieldeutigen Schlußzeile *Wir waren tot und konnten atmen.*[127] Die nicht zu stillende Trauer um die ermordeten Juden setzt auch den Schlußpunkt des Buches mit dem Gedicht *Zähle die Mandeln* (das wiederum auch ein Liebesgedicht ist). Die *Mandeln*, als eine Chiffre für die toten Juden, sind es, die den, der hier spricht, durch ihr Bittersein wachhalten und sich zugehörig fühlen lassen (I, 78).

Den zweiten Teil des Bandes bildet, ganz für sich, die *Todesfuge*. Es war vor allem dieses Gedicht, das bei der Rezeption von *Mohn und Gedächtnis* immer wieder im Vordergrund stand und Rezensenten wie Leser faszinierte. Denn dies ist zu betonen: *Mohn und Gedächtnis* wurde jetzt, wie kaum ein anderer deutschsprachiger Lyrikband nach 1945, von der literarischen Öffentlichkeit begeistert aufgenommen. Fast alle Lyrikkenner begriffen sofort, daß es sich beim Autor dieses Buches um eine außergewöhnliche Begabung handelte. Freilich, Celans Gedichte, allen voran die *Todesfuge*, wurden zumeist aus einer fatalen Perspektive gelesen (sie war die Kehrseite des aus der Verdrängung geborenen mentalen Vorbehalts von Niendorf): als ästhetische «Bewältigung» und «Überwindung» der Greuel von Auschwitz, mit der man sich, auch als Deutscher aus der Tätergeneration, identifizieren konnte, was am Ende sogar noch einen Genuß dieses Gedichts möglich machte. Wenige Beispiele mögen das verdeutlichen.

Heinz Piontek diagnostizierte «reine Poesie» und «magische Montage»[128], Paul Schallück fand endlich «das Unaussprechliche ausgedrückt»[129], und Hans Egon Holthusen sah in seinem «Merkur»-Essay «Fünf junge Lyriker» die *Todesfuge* «der blutigen Schreckenskammer der Geschichte entfliegen [...], um aufzusteigen in den Äther der reinen Poesie». Der Autor habe sein Thema «bewältigen können», «indem er es ganz ‹leicht› gemacht, es in einer träumerischen, überwirklichen, gewissermaßen schon jenseitigen Sprache zum Transzendieren gebracht» habe.[130] Diese Rezeptionslinie der fünfziger Jahre setzte sich noch in den sechziger Jahren ungebrochen fort – zum Beispiel bei Alexander Lernet-Holenia, der die *Todesfuge* rühmte als das «weitaus erhabenste deutsche Gedicht der letzten zwanzig Jahre», durch das selbst das Geschehen von Auschwitz «sublimiert, ja geheiligt» werde.[131]

Wohlbemerkt: Alle diese Kritiker meinten ihre Werturteile als Lobpreis – und merkten doch nicht, daß sie das Gedicht, indem sie es von der verbrecherischen Wirklichkeit, von der Geschichte der Opfer möglichst weit wegrückten, entwerteten und die Autorintention verfälschten. Der eigene Wunsch nach Entrückung des sehr wirklichen Massenmords an den Juden führte zu einer Projektion: daß nämlich das Gedicht und sein Autor ebendas stellvertretend leiste – ästhetische Harmonie und deren Genuß als Fortsetzung der Verdrängung mit anderen Mitteln. Doch wenn die *Todesfuge* überwiegend solche Reaktionen zeitigte, wenn sie in der wahrlich nicht erinnerungssüchtigen Wirtschaftswunderära die Lesebücher eroberte: War ihr dann nicht tatsächlich ein «impliziter Leser» im Sinne solch prekärer Lesarten inhärent?

Paul Celan muß es, mit wachsendem Erschrecken, so empfunden haben, und er zog, schweren Herzens und in einer sich über mehrere Jahre hinziehenden Arbeit an der eigenen Sprache, seine Konsequenzen daraus. Am 2. Dezember 1958 – inzwischen ist dieser schwierige Prozeß abgeschlossen – schrieb er lakonisch an den Literaturwissenschaftler Jean Firges: *Es geht mir nicht um Wohllaut, es geht mir um Wahrheit.*[132] Und Hugo Huppert vertraute er 1966 in einem Gespräch an: *Auch musiziere ich nicht mehr, wie zur Zeit der vielbeschworenen «Todesfuge», die nachgerade schon lesebuchreif gedroschen ist. Jetzt scheide ich streng zwischen Lyrik und Tonkunst.*[133]

Der 1955, drei Jahre nach *Mohn und Gedächtnis*, folgende Band *Von Schwelle zu Schwelle* ist dem Duktus der Gedichte aus *Mohn und Gedächtnis* häufig noch nahe. Mit ihm schließt eine erste Phase des lyrischen Werks. Der Band trägt die Widmung

Für Gisèle, und vor allem der erste Zyklus *Sieben Rosen später* ist ganz aus der Erfahrung dieser neuen, beglückenden Liebe geschrieben. Sieben Jahre sind seit dem Ende des Krieges und der Shoah vergangen – *Sieben Stunden der Nacht, sieben Jahre des Wachens: / mit Äxten spielend, / liegst du im Schatten aufgerichteter Leichen* – heißt es rückschauend in einem der wenigen Vater-Gedichte (I, 89). Das Totengedächtnis bleibt bestimmend, aber dem Autor ist auch bewußt, mittlerweile, *unter Fremden* lebend und schwierigste Fremdheiten überwindend, *von Schwelle zu Schwelle* gegangen zu sein (so hieß es, den Bandtitel vorwegnehmend, schon 1947/48 im *Chanson einer Dame im Schatten*; I, 30) und wenigstens zeitweise ein Leben aus eigenem Recht, dem der Gegenwart, führen zu können. Freilich drängt in den beiden folgenden Zyklen des Bandes wieder die traumatische Vergangenheit in den Vordergrund. Poetologische Gedichte wie *Vor einer Kerze, Mit wechselndem Schlüssel, Nächtlich geschürzt, Welchen der Steine du hebst, Sprich auch du, Argumentum e silentio* oder *Mit zeitroten Lippen* zeigen an, daß dem Autor nach der Erfahrung von Niendorf einerseits und den ‹umarmenden› Rezensionen seine eigene Redeweise zweifelhaft geworden ist. Verse wie *Ein Wort – du weißt: / eine Leiche* (I, 125) oder *Welches der Worte du sprichst – / du dankst / dem Verderben* (I, 129) sind Ausdruck dessen, daß er diese Situation zeitweise als aporetisch erlebt hat. Manchmal scheint nur noch das Schweigen, das *Argumentum e silentio*, angemessen zu sein: *das erschwiegene Wort. // Wider die andern, die bald, / die umhurt von den Schinderohren, / auch Zeit und Zeiten erklimmen, zeugt es zuletzt.* (I, 138) Diese Wendung (und andere in diesem Gedicht wie *Meute* und *Giftzahn*) sind erste Indizien dafür, daß Celan schon Mitte der fünfziger Jahre nicht nur die Unfähigkeit der Deutschen zur Trauer zur Kenntnis nehmen mußte, sondern auch die schamlose Präsenz vieler, die noch vor kurzem zur *Meute* der *Schinder* gehört hatten.

In diesen Jahren war der Rückzug ins Schweigen zwar eine Erwägung, aber er fand nicht statt. Vielmehr entwarf Paul Celan eine Poetik der Dichtung, die einerseits eine Absage an sein eigenes bisheriges Ideal des *schönen* Gedichts[134] bedeutete und andererseits ein Weitersprechen auch angesichts von *Schinder-ohren* und falschen Lobsängern ermöglichte. Das Gedicht *Sprich auch du*, lesbar als Anweisung des lyrischen Ichs an sich selbst, beschreibt diesen Weg:

> *Sprich auch du,*
> *sprich als letzter,*
> *sag deinen Spruch.*
>
> *Sprich –*
> *Doch scheide das Nein nicht vom Ja.*
> *Gib deinem Spruch auch den Sinn:*
> *gib ihm den Schatten.*
> *[...]*
> *Blicke umher:*
> *sieh, wie's lebendig wird rings –*
> *Beim Tode! Lebendig!*
> *Wahr spricht, wer Schatten spricht. [...]*   (I, 135)

Schatten ist eines der bis hin zum letzten Gedichtband am häufigsten gebrauchten Wörter Celans, ob für sich stehend oder in Komposita. Daß in diesem Wort Tod, Leid und Trauer mitschwingen, liegt auf der Hand. Gleichzeitig ist der poetologische Aspekt unübersehbar. Es geht um die «Verschattungen» in der vermeintlich einsinnigen Bedeutung eines Wortes, sein gleichzeitiges *Nein* und *Ja*. In der Antwort auf eine Umfrage der Librairie Flinker in Paris aus dem Jahre 1958 zu seiner Arbeitsweise als Lyriker reflektiert Celan, was *deutsche Lyrik* in dieser Zeit könne und müsse, und diese Antwort liest sich wie ein Pendant in Prosa zu dem zitierten Gedicht: *Düsterstes im Gedächtnis, Fragwürdigstes um sich her, kann sie, bei aller Vergegenwärtigung der Tradition, in der sie steht, nicht mehr die Sprache sprechen, die manches geneigte Ohr immer noch von ihr zu erwarten scheint. Ihre Sprache ist nüchterner, faktischer geworden, sie mißtraut dem ‹Schönen›, sie versucht, wahr zu sein. Es ist also, wenn ich, das Polychrome des scheinbar Aktuellen im Auge behaltend, im Bereich des Visuellen nach einem Wort suchen darf, eine ‹grauere›*

97

Sprache, eine Sprache, die unter anderem auch ihre ‹Musikalität› an einem Ort angesiedelt wissen will, wo sie nichts mehr mit jenem ‹Wohlklang› gemein hat, der noch mit und neben dem Furchtbarsten mehr oder minder unbekümmert einhertönte. – Dieser Sprache geht es, bei aller unabdingbaren Vielstelligkeit des Ausdrucks, um Präzision. Sie verklärt nicht, ‹poetisiert› nicht, sie nennt und setzt, sie versucht, den Bereich des Gegebenen und des Möglichen auszumessen. Freilich ist hier niemals die Sprache selbst, die Sprache schlechthin am Werk, sondern immer nur ein unter dem besonderen Neigungswinkel seiner Existenz sprechendes Ich, dem es um Kontur und Orientierung geht. Wirklichkeit ist nicht, Wirklichkeit will gesucht und gewonnen sein. (III, 167 f.)

Der 1959, jetzt beim S. Fischer Verlag, erschienene dritte Band *Sprachgitter* besiegelt diese Poetik der ‹graueren› Sprache und offenbart sie in jedem seiner Gedichte. Die schönen Daktylen, der betörende Wohllaut, die berückenden, ‹traumhaften› Bilder: Damit ist es vorbei, als sei dem Autor seine eigene Schreibweise, angesichts der vereinnahmenden Rezeption, geradezu unerträglich geworden.

Nicht ohne Wirkung mag auch gewesen sein, daß Celan das *schöne Gedicht* bei der schwierigen, inzwischen entfernteren Freundin Ingeborg Bachmann in ihrem zweiten Band «Anrufung des Großen Bären» von 1956 ungebrochen fortgesetzt fand, wie schon in dem Gedicht «Große Landschaft bei Wien» (entstanden 1953), einem großräumigen geschichtsphilosophischen Gemälde in Strophen aus zumeist fünfhebigen Daktylen, das von erheblichem Pathos getragen ist. Celans Antwortgedicht *Bahndämme, Wegränder, Ödplätze, Schutt* (I, 194) vom August 1958 ist eine distanzierte, skeptische Neulektüre der gemeinsamen Landschafts- und Liebeserfahrung – und ästhetisch nahezu ein Gegengesang, eine Par-Odie. Ingeborg Bachmann hat diese ‹Korrektur› Celans wahrgenommen und auch akzeptiert, wie ihre letzte Frankfurter Poetik-Vorlesung vom 24. Februar 1960 zeigt. Diese Vorlesung ist auf das neue lyrische Sprechen Celans in dem Band *Sprachgitter* hinkomponiert. Hier nennt die Autorin unter wenigen Titeln auch *Bahndämme, Wegränder, Ödplätze, Schutt* und kommentiert dieses und verwandte Gedichte präzise: «Die Metaphern sind völlig verschwunden, die Worte haben jede Verkleidung, Verhüllung abgelegt, kein Wort fliegt mehr einem anderen zu, berauscht ein anderes. Nach einer schmerzlichen Wendung, einer äußerst harten Überprüfung der Bezüge von Wort und Welt, kommt es zu neuen Definitionen.»[135]

Am Ende des Bandes *Sprachgitter* steht das Langgedicht *Engführung*, eines der bedeutendsten Gedichte deutscher Sprache. So wie einst die *Todesfuge* im Buch einen Platz für sich bekam, so jetzt dieses, das – schon der auf Musik bezogene Titel deutet es an – als Antwort auf das frühere Gedicht gelesen werden kann, ja, soll. Kompositionstheoretisch versteht man unter einer Engführung «die zeitlich enge, d. h. möglichst gleichzeitige kontrapunktische Zusammenführung von Themen», die besonders dicht miteinander verflochten werden, womit die Fugenform ihr Ziel erreicht und endet.[136] Das Gedicht beginnt mit den Versen *Verbracht ins / Gelände / mit der untrüglichen Spur* (I, 197), und damit ist das erste große Thema – die Deportation und Vernichtung der Juden – gesetzt. Hinzu tritt als zweites Thema die Evokation der *Verheerungen der Atombombe*, wie Celan in einem Brief an Erich Einhorn schreibt.[137] Mit diesen inhaltlichen Themen verknüpft sich, im einer musikalischen Komposition vergleichbaren Stimmen-Raum des Gedichts (fremde Stimmen wie die des vorsokratischen Philosophen Demokrit, Dantes, Jean Pauls und Nietzsches spielen eine wesentliche Rolle) die vertraute poetologische Frage, welche Art des Erinnerns angemessen sei, wenn es um solche Handlungen des Menschen geht, die jegliche Menschlichkeit widerrufen. *Lies nicht mehr – schau! / Schau nicht mehr – geh!* heißt es gleich zu Anfang. Damit, so läßt sich mutmaßen, wird das gewohnte Verfahren der Literatur, Erklärungen, Deutungen und Abbilder zu produzieren, verworfen. Eine spätere Passage des Gedichts läßt sich aber auch als scharfe Kritik an der ‹reinen› Kunst als einer vermessenen ‹zweiten Schöpfung› verstehen, als Ablehnung aller l'art pour l'art. Ein neuer, dritter Weg der Dichtung deutet sich an: weder Mimesis, Widerspiegelung und Repräsentation noch bloße ‹Kunst für die Kunst›,

sondern vielmehr behutsam die Spur des Schrecklichen aufnehmen, ihren Weg nachgehen und – *Zum / Aug geh, zum feuchten* – fühlend mitvollziehen, ohne sie abbilden zu wollen.
Engführung verwirklicht wie vielleicht kein anderes Gedicht
Celans seine neue Vorstellung einer nicht verfügenden, nicht
mehr ‹sprachmächtigen› Redeweise, die ein Hereinholen des
Unfaßlichen in den eigenen Verstehenshorizont, und damit
eine Enteignung dieses ‹Anderen›, ausschließt. Die beiden
inhaltlichen Themen Auschwitz und Hiroshima (an beiden
Orten wurden *Rauchseelen* [I, 203] produziert, aus dem Ungeist der kalten, instrumentellen Vernunft) werden dergestalt
«enggeführt» mit dem poetologischen, nämlich der so schwierigen Frage, in welcher Weise auf Widerrufe menschlicher
Kultur wie Judenmord und atomare Massenvernichtung
künstlerisch geantwortet werden könne. ‹Meisterliche›, bril-
lante Nur-Kunst wird, wie schon in der *Todesfuge*, als a-sozial,
menschenfeindlich abgelehnt. Aber ebenso erteilt Celan aller nach-erzählenden, nach-bildenden, vordergründig realisti-
schen Literatur und Kunst eine Absage. Die *Meridian*-Rede von
1960 wird das dann in Prosaform explizieren.

Zuweilen wird behauptet, *Engführung* sei eine «Zurück-
nahme», ein Widerruf der *Todesfuge*. Celan selbst hat das dementiert, wenn er Hans Mayer, der dies vermutet hatte, in
einem Gespräch entgegnete: *Ich nehme nie ein Gedicht zurück, lieber Hans Mayer!*[138] Seinem Freund Einhorn gegenüber zögerte
der Autor nicht, die Intention seines eigenen Gedichts zu be-
nennen: *An einer zentralen Stelle steht, fragmentarisch, dieses Wort
von Demokrit: «Es gibt nichts als die Atome und den leeren Raum; alles andere ist Meinung.» Ich brauche nicht erst hervorzuheben, daß
das Gedicht um dieser Meinung – um der Menschen willen, also
gegen alle Leere und Atomisierung geschrieben ist.*[139]

Wo aber fand Paul Celan, außerhalb seiner Familie, diese
Menschen, nach denen er sich so sehnte? Nun, die oft, gerade
vom Autor selbst, kolportierte Vorstellung, er sei schon in den
fünfziger Jahren in Paris *gänzlich allein* gewesen, ist gewiß nicht
richtig. Yves Bonnefoy, als einer der ältesten Freunde, wurde bereits genannt. Den hochverehrten René Char, der teils in Paris

und teils in der Provence lebte, lernte er schon 1953 kennen und übersetzte 1958 dessen Aufzeichnungen aus der Résistance-Zeit «Feuillets d'Hypnos». Char nannte den Jüngeren seinen «Dichter-Bruder [...], der es immer schwer haben werde, sich in der Wirklichkeit zu behaupten» [140]. Celan müßte auch Albert Camus begegnet sein, den er seit seiner Studentenzeit verehrte und der ein glänzendes Vorwort zu der französisch-deutschen Werkausgabe Chars von 1958 geschrieben hat. Die letzten, von Celan kursiv gesetzten Worte des Gedichts *Eine Gauner- und Ganovenweise*, nämlich *die Pest* (I, 230), spielen auch auf Camus' berühmten Roman an, der ja in seinem Titel «die Pest» des Nazismus mitgemeint hatte. Ein gelegentlicher Gesprächspartner wurde, neben Hans Arp und Max Hölzer, E. M. (Émile Michele) Cioran, dessen radikal antimetaphysische Essays «Die Lehre vom Zerfall» (1949) Celan schon 1953 übersetzt hatte.

Der Rumäne Cioran, 1911 geboren, war einst Parteigänger der faschistischen Eisernen Garden gewesen und hatte flammende Artikel für sie geschrieben (Celan hat das vermutlich nie so genau erfahren), lebte aber bereits seit 1937 überwiegend in Paris. Seit 1947 schrieb er auf französisch. Er war ein Prophet des Nihilismus aus dem Geiste Nietzsches und Dostojewskijs, dessen Kahlschlagphilosophie in ein Plädoyer für den Selbstmord einmündete. Anders als Celan gelang es ihm freilich, in fröhlicher Verzweiflung

René Char in Céreste während seiner Zeit als Maquisard, 1943 alt zu werden. Mit anderen Pariser Schriftstellern wurde Celan nach und nach vertraut, unter ihnen so berühmte Männer wie Henri Michaux (den er später übersetzte), Maurice Blanchot und Edmond Jabès sowie André du Bouchet und Jacques Dupin.

In den ersten Pariser Jahren spielten, wie erwähnt, die Wiener Freunde, Klaus Demus zumal, eine wichtige Rolle – gewiß auch, weil so herzliche Beziehungen wie einst in Czernowitz, Bukarest oder Wien sich hier nicht einstellen wollten. So unternahm Celan in den fünfziger Jahren auch regelmäßig Reisen nach Wien. Und doch entwickelten sich seit 1952/53, angestoßen durch die Tagung von Niendorf, Verbindungen zu Autorenkollegen, die nicht nur pragmatischer Natur waren, wenngleich Celan das nach 1960/61 häufig so sehen wollte. Schon 1948 hatte er Marie Luise Kaschnitz kennengelernt. Seit 1954 entstand eine vertrautere Beziehung zu Alfred Andersch, der die Familie Celan Anfang 1955 in Paris besuchte und sowohl im Stuttgarter Rundfunk als auch in seiner kurzlebigen Zeitschrift «Texte und Zeichen» Gedichte und Übersetzungen Celans brachte. Überhaupt war Stuttgart, nicht nur als Ort seines Verlages, für den Autor bis Mitte der fünfziger Jahre die wichtigste Stadt in Deutschland. 1953 war er in Stuttgart Hermann Lenz begegnet, der so anders war als *diese Fußballer* von der Gruppe 47. Seine Frau Hannah war Jüdin, und Lenz sprach immer wieder erleichtert davon, daß er als Soldat der Deutschen Wehrmacht keinen Schuß hatte abfeuern müssen. Mit solchen Deutschen konnte Celan vertraut sein, und die Widmung des Gedichts *Nächtlich geschürzt* für das Ehepaar Lenz bezeugt seine Zuneigung. In dieses Vertrauen bezog er jüngere Autoren wie Johannes Poethen (der auch beim Rundfunk in Stuttgart arbeitete) und Peter Härtling ein, die er bei seinen wiederholten Reisen nach Stuttgart traf. Auch zu Friedrich Dürrenmatt und seiner Frau im Schweizer Neuchâtel entstand eine herzliche Beziehung.[141]

Schließlich ist nicht zu vergessen, daß das Paris der fünfziger Jahre deutsche Künstler anzog, und einige von ihnen kamen Paul Celan mehr oder weniger nahe, so der Maler Heinz Trökes (schon in den Jahren 1950 bis 1952), der Lyriker Wolfgang Bächler (der seit 1956 in Frankreich lebte) und auch Günter Grass, der zwischen 1956 und 1960 in Paris wohnte und an seiner Danziger Trilogie schrieb. Grass hat Celan, aus großem zeitlichem Abstand, einen «schwierigen, kaum zugänglichen Freund» genannt, dem er viel verdanke: «Anregung, Widerspruch, den Begriff von Einsamkeit, aber auch die Erkenntnis, daß Auschwitz kein Ende hat.»[142] Ein enger Kontakt bestand zeitweise auch zu Karl Krolow, der 1952 ebenfalls in Niendorf gewesen war und eine der wenigen angemessenen Rezensionen zu *Mohn und Gedächtnis* geschrieben hatte. Krolow arbeitete 1958/59 für ein Jahr bei der UNESCO in Paris und kam regelmäßig mit Celan zusammen. Doch auch diese Beziehung sollte sich nach 1960, wie so viele andere, trüben. Eine gewisse Nähe entwickelte sich zu dem dreizehn Jahre jüngeren Christoph Graf von Schwerin, dessen Vater zu den Opfern des 20. Juli 1944 gehörte. Er stattete Celan 1954 einen verehrungsvollen Besuch ab und wurde 1955, als Student in Paris, für ein halbes Jahr zu «seinem treuen Sekretär», indem er sich von Celan übersetzte Texte in die Schreibmaschine diktieren ließ.[143] Bald darauf wurde Schwerin Lektor bei S. Fischer und konnte Celan später als Herausgeber der großen Michaux-Ausgabe gewinnen.

Natürlich kannte Celan eine Vielzahl von deutsch schreibenden Kollegen – Peter Huchel und Erich Arendt aus der DDR, Günter Eich, Heinrich Böll, Walter Jens, Hans Magnus Enzensberger und andere aus dem Umfeld der Gruppe 47, aber gerade die Beziehungen zu letzteren waren auch vor 1960 schon von Skepsis geprägt. Paul Celan trug mehr als alle von jeher verletzlichen Künstler «einen Cordon sanitaire aus Distanz […] fassbar als immerwährende Höflichkeit und sibyllinisches Lächeln»[144].

Ein Wiedersehen ohne diesen Abstand gab es im Mai 1957, als Rose Ausländer aus den USA zurückkam und Celan in Paris aufsuchte. Er ist es wohl gewesen, der die Freundin aus Czernowitz von ihren immer noch traditionellen Reimgedichten abbrachte. Seine sie überraschende neue Schreibweise hat sie zu jenem Schritt in die moderne Lyrik veranlaßt, der ihre seither entstandenen Gedichte ohne Zweifel angehören. Im November 1957 besuchte Rose Ausländer Celan ein weiteres Mal, und diesmal versprach er ihr, sich für die Veröffentlichung einiger ihrer neuen Gedichte in Zeitschriften einzusetzen, was dann auch geschah. Auf einen Brief, den sie ihm nach ihrer Rückkehr aus New York schrieb, antwortete er freilich nicht.[145]

«ICH BIN DER, DEN ES NICHT GIBT»

Deutsches, Jüdisches und Russisches 1958 – 1963   Im Jahre 1913 hatte der jüdische Philosoph und Sozialist Gustav Landauer für sich befunden: «[...] mein Deutschtum und mein Judentum tun einander nichts zuleid und vieles zulieb. [...] Ich habe nie das Bedürfnis gehabt, mich zu simplifizieren oder durch Verleugnung meiner selbst zu unifizieren; ich akzeptiere den Komplex, der ich bin, und hoffe noch vielfältiger eins zu sein als ich weiß.»[146] Paul Celan wußte, daß die von Landauer vertretene Position der deutsch-jüdischen Symbiose spätestens seit dem Massenmord an den Juden gescheitert war. Dennoch hielt er, was in diesen *großartigen Worten* steckte, für nicht erledigt. *Wer trägt das aus? Dieser und jener, intermittierend. Aber ausgetragen – ja, das will auch das sein.*[147]

Wie kaum ein anderer hat Celan diesen epochalen Konflikt *ausgetragen*. Und er war ihm in einem Maße schutzlos ausgesetzt, das nach und nach über seine Kräfte ging und seinen Untergang herbeiführte. Die Jahre 1958 bis 1963 sind für den Autor eine Zeit, in der sich eine «Engführung» von Erfahrungen des ‹Deutschen› und des ‹Jüdischen› vollzieht, die nur in ihrem existentiellen Aufeinanderbezogensein angemessen verstanden werden können: einerseits die neuerliche Traumatisierung durch das, was aus Deutschland und von Deutschen über ihn kam – und andererseits ein (vorübergehender) Halt in dem, was die Deutschen weitgehend ausgelöscht hatten: im Judentum.

Bei seiner Übersiedlung von Wien nach Paris im Juli 1948 hatte Celan in Innsbruck den alten Ludwig von Ficker besucht, der einst eng mit Georg Trakl befreundet war. Ihm las er seine Gedichte vor und *freute* sich *besonders*, so schrieb er an Alfred Margul-Sperber, *daß er ganz auf das Jüdische meiner Gedichte ein-*

ging – *Sie wissen ja, daß mir viel daran liegt.*[148] In der Tat ist *das Jüdische* an Celans Gedichten vor und auch nach 1948 augenfällig: thematisch und motivisch, mit manchen Bezügen auf das Alte Testament, und vor allem im steten Bezug auf den Massenmord durch die Nazis und auf den Verlust der Mutter. Gleichwohl kann man bemerken, daß *das Jüdische* in dem Gedichtband *Von Schwelle zu Schwelle* (1955) zurücktritt – so wie es auch in Celans Pariser Alltagsleben der fünfziger Jahre kaum bedeutend ist. Gewiß ist, gesteigert dann in *Sprachgitter* (1959), die Shoah nahezu allgegenwärtig, aber jüdische Motive im engeren Sinne sind selten. Allerdings gibt es eine Kontinuität eindrucksvoller blasphemischer Gedichte (von *Spät und tief,* 1948, bis zu *Tenebrae,* 1957; fortgeführt in *Es war Erde in ihnen,* 1959, und *Psalm,* 1962), die, zumeist im chorischen Wir-Sprechen der Ermordeten, die Abwesenheit Gottes in der Shoah konstatieren; die den Vorwurf *Ihr lästert!* annehmen und das ursprüngliche Gebetsverhältnis des Menschen zu Gott provokativ umkehren, wenn es in *Tenebrae* heißt: *Bete, Herr, / bete zu uns, / wir sind nah* (I, 163). Hier äußert sich Celans «hadernde Hiobshaltung»[149], sein Glauben-Wollen und Nicht-Glauben-Können, das ihn bis an sein Lebensende begleitet.

Seit 1957/58 kommt nun aber eine neue Dimension der Auseinandersetzung mit dem Judentum in Celans Leben und Schreiben. Sie ist, in ihrer sehnsuchtsvollen Intensität, ohne die erfahrenen Verletzungen dieser Jahre nicht verständlich. Celan lebte in Frankreich, aber Deutschland, das er seit 1952 regelmäßig zu Lesungen sowie zu Treffen mit Freunden, Lektoren und Kollegen besuchte, kam ihm nahe, allzu nahe. Es wurde ihm zur «Angstlandschaft»[150]. Sobald er die Grenze zur Bundesrepublik überschritt – so berichten mehrere Freunde –, wurde er ein anderer, wirkte angespannt und unfrei. Und hatte er nicht allen Grund dazu? Die Westalliierten hatten zwar ein demokratisches System installiert und die Deutschen «umzuerziehen» versucht. Doch es ist fraglich, ob das gelingen konnte. Zwölf Jahre Mittäter- oder doch wenigstens Mitläufertum, Wegschauen und Nicht-Wissen-Wollen der meisten waren nicht von heute auf morgen ins Gegenteil zu verkehren.

Verfolgung und Deportation der Juden waren mitten in der deutschen Gesellschaft vor sich gegangen, nicht irgendwo außerhalb. Daß dies so geschehen konnte, setzte einen, von Ausnahmen abgesehen, antisemitischen Konsens in der deutschen Bevölkerung voraus, der mit dem 8. Mai 1945 nicht einfach verschwunden war.

Dieser mentalen Erbschaft entsprachen wichtige Entscheidungen auf der politischen Ebene. Gleich nach der Staatsgründung 1949 wurde ein Straffreiheitsgesetz für Nazitäter erlassen, und 1950 wurde das Entnazifizierungsprogramm der Alliierten für beendet erklärt. 1951 durften per Gesetz Tausende von ‹Staatsdienern› – Richter, Staatsanwälte, Polizisten, Wehrmachtsoffiziere, Verwaltungsbeamte, Lehrer, Professoren – wieder in den öffentlichen Dienst zurückkehren. Dementsprechend waren Rechtsprechung, Verwaltung und Bildung noch für zwei Jahrzehnte Bundesrepublik orientiert: die Nazivergangenheit beschwichtigend und verdrängend. Daß diese Art «Vergangenheitspolitik» der politischen Amnestierung und sozialen Reintegration der Mitläufer möglicherweise unvermeidlich war, steht hier nicht zur Debatte.[151] Im Blick auf Paul Celan geht es darum, wie sich solche Eindrücke vom ‹neuen Deutschland› in seiner Wahrnehmung bündelten. Hinzu kam Schlimmeres: der Wiederaufstieg von Angehörigen der NS-Eliten, die an der Vorbereitung von Massenverbrechen beteiligt gewesen waren. Es ging nicht nur um Adenauers Kanzleramtschef Hans Globke, der 1935 die sogenannten Nürnberger Gesetze kommentiert hatte, oder Minister Theodor Oberländer, sondern um Hunderte von Männern, die zum Beispiel Gestapo-Chefs und Einsatzgruppenkommandanten gewesen waren. Zunächst versammelten sie sich, von der Justiz zumeist ungeschoren gelassen, in «Kreisen», «Stammtischen» und «Clubs», bis es vielen von ihnen gelang, wieder Führungspositionen in Wirtschaft und Justiz einzunehmen.[152] Zum Opportunismus gesellte sich die Provokation: Bereits bis zum Jahr 1960 wurden von der Polizei über 600 Fälle von Hakenkreuz- und Parolenschmierereien registriert, bevorzugt an Synagogen. Offiziell wurde von seiten der Regierung zugleich die Rhetorik der «Wiedergutmachung» gepflegt – mit Reparationszahlungen an Israel, als ob das, was geschehen war, je «wiedergutzumachen» wäre.

Natürlich hatte Paul Celan von diesen Vorgängen nur bruchstückhaft Kenntnis, obwohl er ein passionierter Zeitungsleser war. Aber die Symptome auch im literarischen Leben waren für ihn unübersehbar. So waren zwei einflußreiche Kritiker seiner Gedichte, Curt Hohoff und Hans Egon Holthusen, kriegsbegeisterte Mitläufer der NS-Diktatur gewesen. Holthusen hatte 1940 «Aufzeichnungen aus dem polnischen Kriege» veröffentlicht, in denen er vom «Atem der Geschichte» und jahrtausendealten «Sinn unseres Marsches» faselte.[153] Eben der Mann sprach Celan jetzt den Wirklichkeitsgehalt seiner Gedichte ab. Kein Vorwurf traf Celan ärger als dieser. Das zeigte sich erneut im Oktober 1959, als der Kritiker Günter Blöcker die *Todesfuge* als «kontrapunktische Exerzitien auf dem Notenpapier» klassifizierte und von der «Metaphernfülle» (gab es sie?) im Band *Sprachgitter* sagte, sie sei «durchweg weder der Wirklichkeit abgewonnen» noch diene sie ihr. Durch seine Herkunft werde der Dichter «verführt, im Leeren zu agieren»[154]. Celan antwortete, zutiefst verstört, mit dem ergreifenden Gedicht *Wolfsbohne*, das 21mal die Mutter als Adressatin nennt und die Frage stellt: *Mutter. / Mutter, wessen / Hand hab ich gedrückt, / da ich mit deinen / Worten ging nach / Deutschland?*[155] Doch er ließ das Gedicht unveröffentlicht.

Eine andere wichtige Erfahrung war der politische Eklat um den Film «Nacht und Nebel» von Alain Resnais über die NS-Vernichtungslager. Celan hatte den Filmtext von Jean Cayrol 1955 / 56 ins Deutsche übertragen – eine Arbeit, die er sehr ernst nahm und die ihn innerlich aufwühlte. Als der Film 1956 auf den Filmfestspielen von Cannes im Wettbewerb gezeigt werden sollte, wurde im Namen der Bundesregierung Beschwerde eingelegt, weil dadurch «Haß gegen das deutsche Volk in seiner Gesamtheit» erzeugt werde.[156] Die französische Regierung fügte sich dem deutschen Ansinnen und ordnete an, den Film aus dem Programm zu nehmen. Es gab Proteste, aber sie blieben erfolglos.

Gewiß, Celan fand in diesen Jahren auch Anerkennung

Paul Celan und Rudolf Alexander Schröder bei der Verleihung
des Bremer Literaturpreises, Januar 1958

und Bewunderung, am sinnfälligsten in der Verleihung des renommierten Bremer Literaturpreises im Januar 1958. Doch
hatte gerade dieses Ereignis wieder seine Kehrseite, die Celan
freilich zum Glück verborgen blieb. Denn es dauerte immerhin drei Jahre, nachdem Celan 1954 zum ersten Mal vorge-
schlagen worden war, bis sich eine Jurymehrheit für Celan
fand, die gegen den erklärten Willen von Rudolf Alexander
Schröder die Oberhand gewann. Noch 1957/58 vermochte sich
Schröder, der 1955 Ernst Jünger als Preisträger durchgesetzt
hatte, vom «Schreck über die mir zugemutete Wahl Celans»
kaum zu erholen. Sieht man diese abwehrende Haltung eines
führenden Vertreters der sogenannten Inneren Emigration ge-

genüber Celan mit dessen ungespielter Bewunderung für Schröder bei der Bremer Preisverleihung in eins, dann kann man ermessen, wie unendlich tief deutsche Kultur und Literatur noch in dieser Zeit gespalten waren.[157]

Paul Celans (Wieder-)Annäherung ans Judentum spiegelt sich in seinen Buchkäufen und Lektüren der fünfziger Jahre. Eine eigene Bibliothek konnte erst seit der Niederlassung in Paris entstehen. Als Celan starb, war sie auf etwa 5000 Bände angewachsen. Seit 1952 erwarb er in kurzer Zeit alles, was von Franz Kafka zu haben war. Auch manches von Martin Buber und über den Chassidismus las er damals. Zwischen 1957 und 1963 kam die Lektüre grundlegender Werke von Franz Rosenzweig, Gershom Scholem (über jüdische Mystik resp. die Kabbala), Margarete Susman (vor allem ihr Hiob-Buch), Gustav Landauer und Walter Benjamin dazu. Sehr wichtig waren Oskar Goldbergs «Die Wirklichkeit der Hebräer» und der Sammelband «Vom Judentum» des Prager Vereins jüdischer Hochschüler Bar Kochba von 1913.

Diese Lektüren eröffneten dem Autor einen Raum geistiger und kultureller Kontinuität, der immer auch mit dem Judentum als Religion zu tun hatte, aber zu keiner Zeit in ein Glaubensbekenntnis einmündete. Es ging Celan um die Einbettung der Shoah und der eigenen, familiären Erfahrungen in den spirituellen Kontext des Judentums seit über dreitausend Jahren. Dieser ist verbürgt in der überlieferten Schrift (resp. der Vielzahl des Verschrifteten), und so erfährt Celans Lyrik in diesen Jahren einen enormen Zuwachs an Zitaten, an Intertextualität. Aber der spirituelle Kontext wird durchaus gebunden an *Aller Gesichter Schrift*, die über die Jahrtausende gehende *Geschlechterkette* (I, 274) der Juden, der sich der Autor zugehörig fühlt. Wortchiffren wie *Wurzel, Stamm, Baum, Hode, Same, Name und Same* stehen dafür ein. Es ist der zwischen 1959 und 1963 entstehende Gedichtband *Die Niemandsrose*, in dem sich diese Ortsbestimmung in höchst komplexer Weise vollzieht.

Im Jahre 1969 hat Celan darauf hingewiesen, daß sein Judentum weniger *thematisch* als *pneumatisch* zu verstehen sei.[158] Mit dem griechischen Wort «Pneuma» (lat. spiritus) meinte er, in Anlehnung an Franz Rosenzweig, «einen geistigen Zusammenhang, der über das seelische und leibliche Leben der einzelnen Menschen, ja selbst über ihre Lebenszeit hinausreicht und die einzelnen zu einer Gemeinschaft verbindet»[159]. Ebendas erhoffte er sich, angesichts der Shoah und in der Fremde lebend, von der Einlassung auf sein Judentum. Und die *Geschlechterkette* sollte nicht abreißen. Am 6. Juni 1961, dem sechsten Geburtstag seines Sohnes Eric, schrieb er eine erste Fassung des Gedichts *Benedicta*, die beginnt: *Getrunken hast du, / was von den Vätern mir kam {,} / und von jenseits der Väter: / Pneuma –: / Sperma*[160].

Neben dem Gedichtband *Die Niemandsrose* ist es der im August 1959 entstandene Prosatext *Gespräch im Gebirg*, der, im fingierten Dialog des Juden Groß mit dem Juden Klein, die Ortlosigkeit des Judeseins, seine Möglichkeiten und Unmöglichkeiten in der Gegenwart, reflektiert. Der Text war inspiriert worden von einer *versäumten Begegnung* (III, 201) Celans mit Theodor W. Adorno im Sommer 1959 in Sils Maria (Engadin), die der neugewonnene Freund Peter Szondi angeregt hatte. Zu ihr kam es nicht, weil Celan früher nach Paris zurückreiste.

Es ist charakteristisch für Paul Celans Einlassung auf sein Judentum, daß sie sich nicht nur über gelehrte Lektüren, sondern über die persönliche und dichterische *Begegnung*, und zwar mit einem vor allen anderen, vollzieht. Dieser Eine ist der russisch-jüdische Dichter Ossip Mandelstam. *Mandelstamm* (Celan beharrte auf dieser Schreibweise des Namens gegenüber dem üblichen Mandelstam) war für ihn ein Wahlbruder, ja, sein Alter ego, dem er auch den im Entstehen begriffenen Gedichtband *Die Niemandsrose* widmete. Der Ausgangspunkt für diese so unbedingte Zuneigung waren frappierende biographische Parallelen: Judentum, Verfolgung, Selbstmordversuch(e), Einsamkeiten, Plagiatsanschuldigungen, Verketzerung der Texte, Sympathien für einen *Sozialismus ethisch-religiöser Prägung*[161]. Celans Wunsch nach Identifikation mit dem seit 1934 Verbannten und Ende 1938 im Gulag, in der Nähe von Wladiwostok, zu Tode Gekommenen ging so weit, daß er damals, als Todesort und -zeit Mandelstams noch nicht ge-

Ossip Mandelstam. Foto aus dem Gulag, August 1938

sichert waren, lieber der Version Glauben schenkte, daß die Nazis den Dichter umgebracht hätten.[162] Entscheidend war freilich, daß Celan bei Mandelstam, der unter einem vergleichbaren *Neigungswinkel seiner Existenz* schrieb, eine ihm nahe Auffassung des Poetischen (nicht des lyrischen Stils) fand, die auf *Kreatürlichkeit* und *Wahrheit* der dichterischen Sprache zielte. *Individuation, Präsenz* des Gedichts (*Es steht in die Zeit hinein*), *gezeitigte Sprache*, Gedichte als *Daseinsentwürfe* – das sind Stichworte, mit denen Celan in seinem Radioessay von 1960 Mandelstams Dichtung, aber ebenso seine eigene charakterisiert.[163]

In Bukarest 1945–47 hatte Celan bereits aus dem Russischen ins Rumänische übersetzt. Im Jahre 1957 nahm er seine russischen Lektüren wieder auf, wobei er sich jetzt auf ihm früher nicht zugängliche moderne Lyrik konzentrierte. Binnen weniger Jahre entstand eine umfangreiche russischsprachige Bibliothek, und Celan übersetzte Gedichtbände von Alexander Blok («Die Zwölf») und Sergej Jessenin sowie einzelne Gedichte anderer russischer Lyriker des 20. Jahrhunderts – Majakowskij, Chlebnikow, Jewtuschenko («Babij Jar») u. a. – ins Deutsche. Ein professioneller Übersetzer war er längst. Im Lauf der fünfziger Jahre hatte er sich vor allem mit der Übertragung großer französischer Lyrik der Moderne einen Namen gemacht: Rimbauds «Das trunkene Schiff» (1958) und Valérys «Die junge Parze» (1960) ragten heraus. Im Lauf seines Lebens hat Celan Texte von 43 (!) Autoren aus sieben Sprachen übersetzt und als ein Grenzgänger zwischen deutscher, jüdischer, romanischer, slawischer und angelsächsischer Kultur und Literatur gewirkt.[164] Doch die Hinwendung zu den russischen Lyrikern, die zwischen den Utopien der Revolution von 1917 und der Verfolgung unter Stalin standen und *von ihrer Generation «vergeudet» wurden*[165], unter ihnen wiederum *Bruder Ossip, der Russenjude, / der Judenrusse*[166] Mandelstam an erster Stelle, nimmt einen besonderen Platz ein und ist von existentieller, nicht nur ästhetischer Bedeutung.[167] In der Einlassung auf ihn kam das am reinsten zum Ausdruck, was anspruchsvolles Übersetzen für Celan bis zum Ende seines Lebens bedeutete: das fremde (fremdsprachige) Gedicht als eine ins Ungewisse hinein aufgegebene *Flaschenpost* (er übernahm das Bild von Mandelstam) *an Herzland* (III, 186) anlanden zu lassen, mit ihm ins *Geheimnis der Begegnung* (III, 198) einzutreten und durch diesen *Fergendienst*[168] des ‹Über-setzens› das Paradox der *Fremden Nähe* – so der Titel einer von Celan geplanten, aber nicht realisierten Lyrikanthologie – herzustellen.[169]

Celan betonte zwar seine *ständige […] Bemühung um philologische Genauigkeit* beim Übersetzen, aber es ging ihm *vor allem darum, bei größter Textnähe das Dichterische am Gedicht zu übersetzen, die Gestalt wiederzugeben, das Timbre des Sprechenden.*[170] Nicht alle Kritiker hat er mit seinen Übersetzungen aus diesem Geist überzeugen können. Manchen war das identifikatorische, sprich: Celanische Moment der so entstandenen Texte zu stark, und in der Tat: Die Verschmelzung des Empfindungs- und Schreibgestus von Celan mit dem der russisch-jüdischen Brudergestalt Mandelstam ging sehr weit. Der russische Osten, die Sowjetunion, war für Celan einerseits besetzt als Raum der Deportation und des Todes, von den Nazis, aber auch vom Terror Stalins ins Werk gesetzt. Andererseits verband sich mit ‹dem Osten›, mit Russischem auch die Sehnsucht nach der verlorenen Heimat und die Rest-Utopie eines menschenfreundlichen, freiheitlichen Sozialismus. Dies alles zusammengenommen, konnte Celan sich, wie es in diesen Jahren in mehreren Briefen geschah, *Pawel Lwowitsch Tselan / Russkij poët in partibus nemetskich infidelium / s'ist nur ein Jud* (etwa: russischer Dichter in den Gebieten ungläubiger Deutscher) nennen.[171]

Es war wie eine Fügung, daß sich in dieser Zeit, im April 1962, wieder die briefliche Verbindung zum Jugendfreund Erich Einhorn knüpfen ließ, der inzwischen als literarischer Übersetzer in Moskau lebte, jetzt Celans Gedichte lesen konnte und ihm einige russische Bücher schickte, die den Freund in seiner russischen Orientierung bestärkten. Celan hatte Einhorn 1954 in dem Gedicht *Schibboleth*, das vor allem der Freiheitsutopie der Spanienkämpfer gedacht hatte, in vertrauter Form angesprochen (I, 131); die Motive dieses alten Gedichts, die dort zitierte Losung *No pasarán*, griff er jetzt, 1962, im Gedicht *In eins* (I, 270) wieder auf und «führte» sie mit Erinnerungen an die französische wie die russische Revolution «eng».[172] Zu einem Wiedersehen der Freunde sollte es freilich nicht kommen, so sehr beide es wünschten.

Wichtige Übersetzungen

1946   Michail Lermontow, «Ein Held unserer Zeit» (aus dem Russischen ins Rumänische)
Franz Kafka, Vier Erzählungen (ins Rumänische)

1950   Yvan Goll, Gedichte (nicht veröffentlicht)

1953   E. M. Cioran, «Die Lehre vom Zerfall»

1956   Jean Cayrol, Kommentar zum Film «Nacht und Nebel»

1958   Alexander Blok, «Die Zwölf»
Arthur Rimbaud, «Das trunkene Schiff»

1959   Ossip Mandelstamm, «Gedichte»
René Char, «Hypnos. Aufzeichnungen aus dem Maquis» u. a.

1960   Paul Valéry, «Die junge Parze»
Sergej Jessenin, «Gedichte»

1966   Henri Michaux, «Wer ich war»; Gedichte u. a.

1967   William Shakespeare, 21 Sonette

1968   Giuseppe Ungaretti, «Das verheißene Land. Das Merkbuch des Alten»

1970   Jacques Dupin, «Die Nacht, größer und größer»

Die im Schicksal Mandelstams gebündelte Erfahrung der Diffamierung als Dichter und Jude machte Paul Celan seit dem Frühjahr 1960 in zugespitzter Form an sich selbst. Gemeint ist die sogenannte «Plagiatsaffäre», die besser Claire-

Goll-Affäre hieße. Im April 1960 brachte die kleine Münchner Literaturzeitschrift «Baubudenpoet» einen Brief der Witwe Yvan Golls, die einen verletzenden Kommentar des Lyrikers Richard Salis zu Celans Gedichten dankbar aufgriff und unter dem Titel «Unbekanntes über Paul Celan» behauptete, der Autor habe die ihm vertrauensvoll gewährte Einsicht in deutsche und französische Manuskripte ihres Mannes mißbraucht, schlechte Übersetzungen abgeliefert, deren Publikation sie habe verhindern müssen, und außerdem Yvan Goll plagiiert, indem er eine Vielzahl von poetischen Metaphern von ihm übernommen habe, so auch die *Schwarze Milch der Frühe* aus der *Todesfuge*. Das Skandalon lag weniger in dieser bösartigen, haltlosen Invektive als in der Bereitschaft einiger renommierter Feuilletons, so in der «Welt» und in «Christ und Welt», diese weitreichenden Vorwürfe ohne Überprüfung zu übernehmen. Dies geschah im November 1960.

Für Celan waren die Vorwürfe nicht neu, hatte ihn doch Claire Goll schon kurz nach dem Tod ihres Mannes zu schikanieren begonnen. Ging es anfangs, 1950/51, um die Zurückweisung von Celans Übersetzungen französischer Texte Yvan Golls durch die Witwe und ihren Verlag als zu «celanisch», so wurde ab 1953 der Plagiatsvorwurf erhoben. Auslöser dieser Zuspitzung und dann auch Kronzeuge Claire Golls war der junge deutsche Germanist Richard Exner, damals noch Gaststudent in den USA und später Professor an der University of California. Er teilte Claire Goll im August 1953 mit, daß er erstaunliche Parallelen zwischen dem Nachlaßband ihres Mannes «Traumkraut» (1951) und Celans Buch *Mohn und Gedächtnis* sehe, das er aufgrund des Erscheinungsdatums 1952 als ‹später entstanden› ansetzte. Damit war der Plagiatsvorwurf geboren, ohne daß sich Exner die Mühe gemacht hätte, die Entstehungsdaten der denen Golls ‹ähnlichen› Gedichte Celans herauszufinden (sie lagen, von einem Gedicht abgesehen, allesamt in den Jahren bis 1948, gedruckt in dem zurückgezogenen Band *Der Sand aus den Urnen*, also deutlich bevor Celan Yvan Goll und seine neuen deutschen Gedichte kennengelernt haben konnte). Noch 1953 schickte Claire Goll vervielfältigte

Briefe mit dem Plagiatsvorwurf an Kritiker, Verlage und Rund-
funkredaktionen, und Celan erfuhr natürlich davon. 1956 forcierte sie dieses Verfahren mit jetzt auch anonymen Briefen,
die offenbar nicht ganz ohne Wirkung blieben. Immerhin sah
sich Celan genötigt, Möglichkeiten der Gegenwehr, am besten
einer Gegendarstellung an einem seriösen Ort, unterstützt von
Schriftstellerkollegen, zu erwägen. So hat sich in Günter Grass'
berühmtem «Pariser Koffer», der nach seinem Wegzug lange
verschwunden war und erst 1976 wiedergefunden wurde, ein
Typoskriptanschreiben Celans von sieben Seiten Umfang an
Alfred Andersch vom 27. Juli 1956 gefunden, in dem der Autor
den damals noch geschätzten Kollegen bat, seine Zeitschrift
«Texte und Zeichen» zur Verfügung zu stellen, um dem Treiben Claire Golls entgegenzutreten. Freilich hat Celan diesen
Hilferuf wohl nicht abgeschickt (und Andersch spätestens ab
Mai 1960 zu seinen Gegnern gezählt).[173] Daß Claire Golls üble
Nachrede Früchte trug, mußte Celan zum Beispiel bei einer
Lesung am 7. Februar 1957 in Bremen erfahren. Als ein Zuhö-
rer nach Claire Golls Plagiatsanschuldigung fragte, wies Celan
schon die Frage als antisemitisch zurück und rannte empört
davon.[174]

Drei Jahre später, im Lauf des Jahres 1960, wurde Claire
Golls Diffamierungen über die Provinz hinaus Resonanz zuteil. Paul Celans mittlerweile glänzender Ruf als einer der bedeutendsten deutschsprachigen Lyriker nach 1945 stand mit
einem Mal in Frage. Zwar fand er die besten Fürsprecher,
die man sich nur denken konnte: Ingeborg Bachmann, Klaus
Demus und Marie Luise Kaschnitz, die in der «Neuen Rundschau» gemeinsam entgegneten; Peter Szondi, der in der «Neu-
en Zürcher Zeitung» eine vorzügliche philologische Widerlegung der Plagiatsvorwürfe publizierte; Rolf Schroers, Walter
Jens und Hans Magnus Enzensberger – sie alle verteidigten
Celan vorbehaltlos. Ein gleiches taten die Büchner-Preisträger
in einer gemeinsamen Stellungnahme und der österreichische
PEN, der Celan Anfang 1961 die Mitgliedschaft antrug (er
nahm sie an). Auch ein auf Anregung der Deutschen Akademie für Sprache und Dichtung erstelltes Gutachten von Rein-

hard Döhl kam zu dem Befund, daß man «die Vorwürfe Frau Golls entschieden zurückweisen» müsse.[175] Freilich war dies eher peinlich, weil gerade Döhl anfangs vehement die Plagiatsanschuldigung vertreten hatte. Am Ende widerrief sogar Rainer K. Abel, der die Plagiatsthese in mehrere Feuilletons lanciert hatte, und entschuldigte sich bei Celan.

Doch das berüchtigte «semper aliquid haeret» erwies sich einmal mehr als wahr. So erschien im Dezember 1960 im «Monat» eine Erzählung mit dem Titel «Gibt es mich überhaupt?» unter dem Namen «R. C. Phelan», die, angefangen beim fingierten Autornamen, von besonderer Perfidie war. Die Geschichte handelt von einem texanischen Farmer, der wie aus dem Nichts zum berühmten Schriftsteller wird. Am Ende stellt sich heraus, daß er seinen Roman gar nicht selbst verfaßt hat, sondern von einer Art Schreib-Maschine hat schreiben lassen. Kurz, den Autor gibt es gar nicht wirklich, er ist ein Niemand, ein Betrüger. Ebendas will auch der fingierte Autorenname «R. C. Phelan» insinuieren, der (und Celan hat das sofort bemerkt[176]) sich als «Erz-Betrüger» (frz. félon = der Ungetreue, Verräter) lesen läßt. Die Redaktion behauptete, daß der Autor R. C. Phelan Professor an der University of Arkansas in Fayetteville (USA) sei, aber einen solchen hat es dort oder auch anderswo nie gegeben.[177]

Die Titelfrage der Erzählung «Gibt es mich überhaupt?» nahm Paul Celan in einem Brief an den alten Wiener Freund Reinhard Federmann noch im Februar 1962 mit Bitterkeit auf – sie traf für den jüdischen Dichter den Kern dessen, was er als eine Kampagne aus dem Ungeist des Antisemitismus erleben mußte. In der Plagiatsanschuldigung lag für ihn die Absicht seiner Annihilierung als Autor, und das hieß für ihn ganz konkret: der Versuch, ihn geistig *auszulöschen*[178], nachdem dies dereinst physisch nicht gelungen war – die Plagiatsanschuldigung als nachholende Einbeziehung des Überlebenden in den Genozid, der Rufmord als Mord. Dies mag man für eine übertriebene oder auch fehlgehende Interpretation der Ereignisse durch den Autor halten. Aber es ist kaum zu bestreiten, daß dieser subjektiven Lesart der Dinge ein objektives Moment innewohnte, und sei es nur eine erschreckende Fühllosigkeit gegenüber den Empfindungen von Juden nach der Shoah. Daß auch Celans jüdische Identität angegriffen wurde, war schon in Claire Golls schlimmer Rede angelegt, er wisse «seine traurige Legende [!]» von der Ermordung seiner Eltern, «so tragisch zu erzählen». So konnte Paul Celan in einem Brief an Alfred Margul-Sperber vom Februar 1962 folgende Bilanz ziehen: *Nachdem ich als Person, also als Subjekt «aufgehoben» wurde, darf ich, zum Objekt pervertiert, als «Thema» weiterleben: als «herkunftsloser» Steppenwolf zumeist, mit weithin erkennbaren jüdischen Zügen. Was von mir kommt, gelangt zur Redistribution – jüngst auch mein Judentum. [...] Sie erinnern sich an Will Vesper: – die anonyme Lorelei. Ich bin ebenfalls – wörtlich, lieber Alfred Margul-Sperber! – der, den es nicht gibt.*[179]

Durch diese Erfahrungen wächst auch dem Titel des Ende 1962 kurz vor dem Abschluß stehenden Gedichtbandes *Die Niemandsrose* – und dem so häufigen Gebrauch des Wortes *niemand* – eine weitere Bedeutung zu. Es ist die selbstironische, sarkastische Feststellung, als ein zum «Niemand» Erklärter, seiner geistigen Urheberschaft Beraubter zu schreiben, damit in einem luftleeren Raum zu sprechen und ungehört zu bleiben. Die bitter vermerkte Nichtigkeit des jüdischen Autors korrespondiert mit zwei weiteren fundamentalen Leerstellen: Der Ort, der in drei Jahrtausenden Geschichte vom jüdischen Volk, allen Verfolgungen und Zerstreuungen zum Trotz, eingenommen wurde, ist seit dem Genozid leer, und ebenso leer ist der Platz Gottes: *Niemand knetet uns wieder aus Erde und Lehm, / niemand bespricht unsern Staub. / Niemand* – so beginnt Celans berühmter *Psalm* (I, 225). Man könnte sagen, daß der Ausgangspunkt des Autors diejenige Version jüdischer Theologie ist, die ein Wirklichwerden Gottes erst in der menschlichen Tat vollzogen sieht – ohne sie ist er nichts. Diese Auffassung lernte Celan zum Beispiel in Hugo Bergmanns Aufsatz «Kiddusch haschem» («Die Heiligung des Namens») aus dem erwähnten Prager Sammelband kennen, bei dem sie freilich, zionistisch gegründet, ihr Ziel im Zionsland findet. Bei Celan hingegen wird diese theologische Vorstellung negativ pointiert: Nach der Shoah ist die gemeinschaftlich-menschliche Tat der Juden unmöglich geworden – *Ein Nichts / waren wir, sind wir, werden / wir bleiben* – also bleibt auch die Leerstelle Gott ungefüllt. Und Dichtung, Gesang ist nur ex negativo möglich: als *die Nichts-, die / Niemandsrose.*[180]

Die Verletzungen des Menschen und Autors Paul Celan erreichten im Lauf des Jahres 1960 einen Höhepunkt und führten zu einer bleibenden Beschädigung seiner Psyche und seines Lebenswillens. Spätestens ab Ende 1962 wird man sagen müssen, daß Celan zumindest zeitweise ernsthaft krank war. Bis dahin waren seit Claire Golls Brief aus dem «Baubudenpoet» über zweieinhalb Jahre vergangen; Jahre, in denen der Autor sich aufbäumte und wehrte gegen diese Angriffe – und sich doch gleichzeitig dadurch schwächte, daß er nicht immer souverän reagierte (wie sollte er das auch tun), vielen Menschen ohne Grund mißtraute, sich verraten wähnte und am Ende sogar mit engen Freunden brach. Das wichtigste Beispiel ist seine Freundschaft mit Klaus Demus, die zwischen 1963 und 1968 nahezu stillgestellt war. Auch die Beziehungen zu den deutschen Autorenkollegen, manche von ihnen durchaus freundschaftlicher Art, gerieten in die Krise. Immer wieder betonte Celan überdies, daß ihm der sich liberal gebende Antisemitismus genauso suspekt und verächtlich war wie der unverhüllte Antisemitismus – und ebenso die unter Intellektuellen grassierende Erscheinung des Philosemitismus. Selbst viele Äußerungen jüdischer Kollegen im Literaturbetrieb verachtete er. Daß ihm die Darmstädter Akademie im Oktober 1960 den Büchner-Preis verliehen hatte, deutete er als *Alibi*, um ihn hernach *umso besser heruntermachen zu können*[181].

Besonders scharf äußerte Celan sich über den drei Jahre älteren, in der DDR lebenden Lyriker Johannes Bobrowski. Dabei hat vermutlich eine Rolle gespielt, daß ein gemeinsamer Bekannter, Peter Jokostra, ihm Bobrowskis briefliche Äußerungen über ihn und vor allem über *Sprachgitter* hinterbracht hat (Bobrowski, wenngleich von Celans Lyrik fasziniert, hatte den Band von 1959 als «elegant aufgemachte Alchimistenküche», «Destillieranstalt» und «Parfümfabrik» abqualifiziert). Nach

Paul Celan im S. Fischer Verlag in Frankfurt a. M.,
Oktober 1960

anfangs herzlichen, von Bobrowski als «geradezu brüderlich» empfundenen Briefen Celans kommt es zum Bruch. Am 2. November 1965 verbittet sich Celan (wieder ist Jokostra der Mittelsmann), daß ihm Bobrowskis Gedicht «Wiedererweckung» gewidmet sein solle oder *auch nur zugeschickt* werde; zu diesem Zeitpunkt ist Bobrowski schon zwei Monate tot.[182] Bereits 1962 hatte Celan dem Kollegen, der einst deutscher Soldat gewesen und 1943/44 in der Zeitschrift «Das Innere Reich» debütiert hatte, das Recht abgesprochen, ‹*Pruzzisches*› *aus dem Boden*[183] zu zaubern, sprich, aus der Sicht Celans: als damals Tatbeteiligter Gedichte aus dem Geist christlicher Versöhnung zu heucheln. Am schärfsten (damals nicht erkannt) hat Celan in dem Gedicht *Hüttenfenster* reagiert *gegen sie, die ihn [den Schwarzhagel* der Vernichtung*] säten, sie / schreiben ihn weg / mit mimetischer Panzerfaustklaue!* (I, 278) *Und wollen im Mordjahr / gewesen sei[n], die sie gemordet,* heißt es im Fragment einer *Pariser Elegie,* der Vorstufe zu *Hüttenfenster.*[184] Was Celan zutiefst kränkte, war diese Verkehrung: Dem überlebenden Opfer sprach man die Authentizität seines Sprechens ab – die anderen, die einst auf der Täterseite standen, feierte man für ihre ‹Bewältigungsliteratur› und ließ sie die Stellvertretung der Opfer übernehmen.

Eine Konstellation offenbart in besonderem Maß, wie weit die Versehrungen der Überlebenden reichen konnten – und daß sie nicht notwendig zu dauerhafter Nähe der Versehrten führten. Es ist die Beziehung zwischen Paul Celan und Nelly Sachs, der in Schweden lebenden deutsch-jüdischen Lyrikerin, 1891, im gleichen Jahr wie Mandelstam, geboren, die 1940 mit knapper Not der Naziverfolgung entkommen war. Die seit 1957 in Gang gekommene Korrespondenz war beiderseits von dem Herzenswunsch nach Freundschaft getragen, und scheiterte doch. Auf den ersten Blick zeugen die getauschten Briefe von uneingeschränkter persönlicher Zuneigung wie auch einer Wertschätzung der Gedichte des anderen. Insbesondere Nelly Sachs, die fast dreißig Jahre Ältere, drückte ihre Liebe und Verehrung gegenüber dem jüngeren «Bruder» emphatisch aus. Als Celan ihr Ende Oktober 1959 empört von der verächtlichen Rezension seines Bandes *Sprachgitter* durch Günter Blöcker berichtete, war sie erschrocken, ohne ihn doch wirklich zu verstehen. Ganz anders als Celan, dem Gefühle des Hasses und der Verachtung nicht fremd waren, vertrat (und lebte) sie auch nach der Shoah eine Botschaft der Liebe und der Versöhnung, die geradezu christlich anmutet. Daß sie «zwischen Paris und Stockholm» einen «Meridian des Schmerzes und des Trostes» laufen sah, muß ihn freilich tief berührt haben.[185] Ein Jahr später wurde *Der Meridian* Titelwort und leitende Perspektive seiner Büchner-Preis-Rede.

Als Nelly Sachs am 29. Mai 1960 in Meersburg am Bodensee den Droste-Preis empfangen sollte und dabei zum ersten Mal seit ihrer Flucht wieder deutschen Boden betrat, kam es, im Vorfeld der Preisverleihung, in Zürich zur Begegnung zwischen Celan und Sachs (und am Rande auch zu einem Wiedersehen mit Ingeborg Bachmann). Celans Gedicht *Zürich, Zum Storchen* (I, 214 f.) – eines von mehreren Gedichten aus *Die Niemandsrose*, die sich auf Orte und das mit diesen gegebene bedeutsame *Datum* beziehen – spricht, schon durch die Widmung *Für Nelly Sachs*, von dieser schwierigen Begegnung am Himmelfahrtstag. In diesem Text nimmt Celan Wendungen aus Margarete Susmans Hiob-

Nelly Sachs, 1965

Buch auf, um seine eigene *hadernde*, Hiob-gleiche Haltung gegenüber der gläubigen von Nelly Sachs zu markieren. Er hatte sie im Gespräch sogar mit dem an Don Juan erinnernden Satz provoziert, er hoffe, *bis zuletzt lästern zu können*.[186]

Kurz nach der Zürcher Begegnung besuchte die Dichterin Celan und seine Familie in Paris, und hier kam es, allen liebe-

vollen Gesten und Worten zum Trotz, zu tiefer Verstörung.
Nelly Sachs konnte Celans unaufhörliches, bedrängendes Reden von antisemitischen Tendenzen in der Bundesrepublik
und den Verleumdungen gegen ihn nicht ertragen. Sie machten ihr angst, um den Freund wie um sich selbst. Zurück in
Stockholm, verschlechterte sich ihr psychischer Zustand rapide. Sie wurde mit Wahnvorstellungen, die sie Celan auch brieflich mitteilte, in eine psychiatrische Klinik eingeliefert. Als
Celan Anfang September zutiefst besorgt die lange Bahnreise
nach Stockholm machte, um die *Schwester* zu besuchen, erkannte sie ihn nicht – oder sie wollte ihn nicht empfangen. In
den folgenden Tagen kam es dann offenbar doch zu mehreren
Begegnungen in der Klinik. Nach einwöchigem Aufenthalt in
Stockholm reiste Celan nach Paris zurück.[187] Hier suchte er am
13. September den so verehrten Martin Buber in seinem Hotel
auf – und war offenbar tief enttäuscht, weil dieser kein offenes
Ohr für seine Nöte hatte und den Deutschen gegenüber, wie
die Freundin in Stockholm, einen versöhnlichen Standpunkt
einnahm.[188] Nelly Sachs blieb, mit Unterbrechungen, für drei
Jahre in der Psychiatrie. Zwar wurde der Briefwechsel dann
und wann wiederaufgenommen, mit bemüht herzlichem Ton,
aber Entfremdung, zumal auf Celans Seite, überwog. Nelly
Sachs erfuhr Anfang Mai 1970 noch von Celans Selbstmord;
kurz darauf, am 12. Mai, starb auch sie. Der Versuch zweier Gezeichneter, sich nahezukommen und zu helfen, war gescheitert.

Paris II

«... EIN ATEMKRISTALL, / DEIN UNUMSTÖSSLICHES / ZEUGNIS»

1963 – 1967 Innerhalb von acht Jahren war Paul Celan zu einem berühmten Lyriker geworden. Mit dem Erscheinen von *Mohn und Gedächtnis* im Herbst 1952 setzte der Ruhm ein, mit der Verleihung des Georg-Büchner-Preises im Herbst 1960 war der Gipfel erreicht. Schon 1959, als er gerade die Stelle eines Lektors für deutsche Sprache und Literatur an der École Normale Supérieure angetreten hatte, war Celan mit dem Gedichtband *Sprachgitter* Autor des renommierten S. Fischer Verlags geworden. Weitere Anerkennungen folgten. 1962/63 sollte der Autor in die West-Berliner Akademie der Künste gewählt werden (wogegen er sich sperrte), 1964 erhielt er den Großen Kunstpreis des Landes Nordrhein-Westfalen. Die besten Literaturzeitschriften, vor allem «Die Neue Rundschau», druckten seine Gedichte vorab, sofern er sie zur Verfügung stellte. Für 1960 hätte man ihm die Poetikdozentur an der Universität Frankfurt am Main angeboten, wenn er nur gewollt hätte. Für das Jahr 1964/65 trug Gottfried Bermann Fischer dem Autor ein ordentlich bezahltes Gastlektorat für deutsche Literatur in seinem Verlag an, als dieser sein Interesse geäußert hatte, *nach sechzehn Jahren Paris wieder einmal einige Zeit [...] in ausschließlich deutscher Sprachumgebung zu leben*. Im gleichen Jahr wurde Celan ein Stipendium der Ford Foundation für einen einjährigen Berlin-Aufenthalt offeriert, aber weder aus Frankfurt noch aus Berlin wurde etwas.[189]

Celans Wahrnehmung der Wirklichkeit und seine Gemütsverfassung standen in einem krassen Gegensatz zu seiner wachsenden öffentlichen Geltung, und sie hinderten ihn auch daran, attraktive Angebote wie die genannten anzunehmen. Man könnte vermuten, daß ihm Paris gerade durch die verstörenden Erfahrungen mit dem Literaturbetrieb in der Bun-

Innenhof der École Normale Supérieure, im Hintergrund
das Hauptgebäude

desrepublik heimatlicher geworden wäre, aber das war nicht
der Fall. So schrieb er 1962 an den Jugendfreund Gustl Chomed
nach Czernowitz (der Kontakt hatte sich gerade wieder knüpfen lassen), wie sehr er sich *in diesem nun gar nicht mehr ge-
träumten, oft so unmenschlichen Paris* nach dem *Verloren-Unverlo-
renen* der Bukowina sehne.[190] Immer noch fühlte er sich als *Der
Fremde, ungebeten* (I, 188), unverändert sah er sich «östlich» geprägt und nicht *westlicher geworden*[191]. Sein Lebensort war *der
Reiche / weitestes*, der *Großbinnenreim [...] / Sprachwaage, Wort-
waage, Heimat- / waage Exil* (I, 288). So werden die ältesten und
fernsten Beziehungen plötzlich wieder zu den nächsten: die
zu den Czernowitzer und Bukarester Freunden, zu Gustl Chomed, zu Erich Einhorn in Moskau, zu Edith Silbermann, die
seit 1963 mit ihrem Mann in Düsseldorf lebte, zu Alfred Margul-Sperber, Nina Cassian und Petre Solomon in Bukarest. Ja,
diese Beziehungen waren wohl gerade deshalb ungefährdet
herzlich, weil Celan die Genannten gar nicht oder allenfalls
sporadisch wiedersah. Besonders eng wurde die Korrespon-

denz mit Petre Solomon, der zweimal aus Gründen politischer Opportunität den Kontakt zu Celan abgebrochen hatte: nach dessen Flucht 1948 (bis 1957) und noch einmal 1958 bis Februar 1962. Der Freund verübelte ihm das nicht, vielmehr wurden gerade 1962/63 die Briefe Celans noch einmal vertrauter und dringlicher. Solomon gegenüber konnte er auch, nachdem er ihm über die Goll-Affäre berichtet hatte, eigene Fehler und Schwächen eingestehen. Ihm sei klar, so schrieb er im April 1962, *daß die berichteten Dinge, aus der Ferne betrachtet, den Anschein des Unwirklichen haben müssen* und er in Gefahr sei, von seiner *Wut mitgerissen*, seine eigene Darstellung *unglaubhaft zu machen*. Im September 1962 heißt es dann: *Meine Nerven sind eben nur meine Nerven und sie haben versagt – aus sehr realen, sehr objektiven Gründen*. Erst im Dezember 1963 schrieb Celan wieder an Solomon und berichtete ihm von *einer ziemlich starken Depression*, die er ein Jahr zuvor durchgemacht habe.[192]

Damit ist auf Paul Celans Aufenthalt in einer Pariser psychiatrischen Klinik von der Jahreswende 1962/63 bis etwa Ende Januar 1963 angespielt. Es war das erste Mal, daß der Autor nicht mehr die Kraft hatte, die Balance zu halten zwischen seinen Alltagspflichten und dem, was er, forciert seit den Angriffen von 1960, als radikale Infragestellung, ja Auslöschung seiner (Autor-)Person erlebte. Auch wenn die Unterlagen zu Celans Klinikaufenthalten nicht zugänglich sind, wird man sagen dürfen, daß es keine Anzeichen einer Geisteskrankheit auf organischer Basis gibt. Die ihm als Individuum mitgegebene melancholische Disposition und hohe Empfindungsfähigkeit sind damit nicht zu verwechseln. Sie waren Begleiter, wohl auch Voraussetzung seiner poetischen Einbildungskraft und seiner Begabung, das im Zusammenhang der Shoah Erlittene als Dichter im Gedächtnis zu bewahren und zu betrauern. Dieses für sich war genug, um das Leben eines so sensiblen Menschen wie Celan für seine ganze Dauer zu verschatten. Aber es war noch nicht das, was ihn psychisch erkranken ließ und am Ende sogar in den Selbstmord trieb. Dazu bedurfte es dessen, was er als die Reinszenierung des alten, antisemitischen Nazistücks erlebte, wenn auch nicht mehr auf der Ebene der physischen Liquidierung, sondern der geistigen. Daß sich seine Wahrnehmung des ‹neuen Deutschland› auf diese Tendenz konzentrierte und dabei andere, dem Nazismus gegenläufige politische und kulturelle Momente ausblendete, mag man bedauern. Es ändert nichts daran, wer und was ihn auf diesen selbstzerstörerischen Weg gebracht hat, den zu vermeiden ihm nicht gegeben war.

Einige Vorgänge der Jahre 1963 – 65 zeigen dieses für Celan charakteristische Wahrnehmungsmuster erneut und setzen die mit Niendorf 1952 in Gang gekommene Kette von Verstörungen des Autors wie nach einer inneren Logik fort. Im Januar 1963 war er zutiefst erschrocken, als Rudolf Walter Leonhardt in der «Zeit» anläßlich des Abdrucks von Jewgenij Jewtuschenkos großem Gedicht «Babij Jar» in verschiedenen Übersetzungen, unter anderem – unautorisiert – der Celans, behauptete, 33 771 ukrainische Juden seien in der Schlucht dieses Namens in der Nähe von Kiew «von Russen» erschossen worden – wo doch zweifelsfrei geklärt war, daß die Massenexekution vom September 1941 das Werk der SS war.[193] ‹Die andern› sollten es gewesen sein, nicht Leute aus dem eigenen Volk. – Im März 1964 trat Celan aus dem österreichischen PEN aus, weil die Lyrikerin und PEN-Kollegin Paula Ludwig, einst Geliebte von Yvan Goll, die Affäre von 1960 als eine Sache «unter Juden» bezeichnet hatte. PEN-Präsident Friedrich Torberg gelang es nicht, Celan von diesem Entschluß abzubringen.[194] – Am 2. Mai 1964 rezensierte Hans Egon Holthusen den Band *Die Niemandsrose* in der «Frankfurter Allgemeinen Zeitung». Rückschauend auf *Mohn und Gedächtnis* monierte er die «damalige Vorliebe für die ‹surrealistische›, in X-Beliebigkeiten schwelgende Genitivmetapher (‹Weißhaar der Zeit›, ‹Mühlen des Todes›, ‹weißes Mehl der Verheißung›)»[195]. Der Literaturwissenschaftler Peter Szondi, der 1944 als Fünfzehnjähriger mit seiner Familie nach Bergen-Belsen deportiert worden war, unternahm es, für den Freund in Form eines Leserbriefs zu antworten. Er wies darauf hin, daß gerade kürzlich, im Frankfurter Auschwitz-Prozeß, die Wendung «lasse ich die Mühle in Auschwitz arbeiten» Adolf Eichmann zugeschrieben worden war. Szondi warf Holthusen vor, daß er «die Erinnerung an das, was gewesen ist, durch den Vorwurf der Beliebigkeit zu vereiteln» trachte. Holthusen entgegnete empört und verständnislos: Celans Gedicht *Spät und tief* (I, 35), aus dem die drei zitierten Metaphern stammten, habe «mit dem Thema Auschwitz und Nazigreuel überhaupt nichts zu tun»[196]. Mit der Verkennung dessen, wovon *Spät und tief* kaum verhüllt spricht, bestätigte Holthusen Szondis Vorwurf (der auch der Celans war) in eklatanter Weise. We-

Peter Szondi
in Göttingen, 1964

nige Wochen nach dieser Kontroverse fuhr die Familie Celan gemeinsam mit Peter Szondi über das Dorf Oradour-sur-Glane, dessen Einwohner die SS 1944 ermordet hatte, in die Dordogne, um mit dem befreundeten Ehepaar Mayotte und Jean Bollack zusammenzutreffen. In Celans den Bollacks gewidmetem Gedicht *Le Périgord* verknüpfen sich in für ihn typischer Weise verschiedenartige Erfahrungen: die gerade unternommene eigene Reise, Friedrich Hölderlins Reise in den Südwesten Frankreichs im Jahre 1802 (die das Gedicht «Andenken» inspirierte), die Auslöschung Oradours und die aktuell erfahrene Mißdeutung durch Holthusen. *Ein weither Gekommener, schließt du / mancherlei Kreis, auch hier, / auch solcherart, in / verbrannter Gestalt*[197] – so heißt es in dem Gedicht. Des Autors Dilemma war ebendies: daß sich die eine große Wunde immer wieder öffnete und daß sich zu viele fatale Kreise immer wieder in so folgerichtiger Weise schlossen. So erlebte er auch im Jahr darauf Reinhard Baumgarts auf Adorno rekurrierende Kritik an der *Todesfuge* als «schon zuviel Genuß an Kunst, an der durch sie wieder ‹schön› gewordenen Verzweiflung» – eine Kritik, die ebenso an Bobrowski und andere adressiert war – als neuerlichen Versuch der Diffa-

Jean und Mayotte Bollack, Paul Celan und
Gisèle Celan-Lestrange in Moisville, August 1964

mierung.[198] Und wieder antwortete er, wie schon 1959, mit einem Mutter-Gedicht, in dem es heißt: *Vor die Messer / schreiben sie dich, / kulturflott, linksnibelungisch [...] / meisterlich, deutsch, / mannschmannsch, nicht / ab-, nein wiesen- / gründig*[199]. Aber auch dieses Gedicht ließ er unveröffentlicht.

Celans Trennung vom S. Fischer Verlag im Juni 1966 läßt sich ebenfalls in diesen Kontext einordnen. Zu dem Verlegerehepaar Gottfried und Brigitte Bermann Fischer hatte sich seit 1958 eine herzliche Beziehung herausgebildet. Beide standen in der Goll-Affäre auf seiner Seite. Ebenso war Celans Verhältnis zu Klaus Wagenbach, seinem Lektor zwischen Ende 1959 und Juni 1964, von Vertrauen getragen. Zwar gab es schon in den frühen sechziger Jahren Irritationen, aber im Grundsätzlichen waren sich der exilerfahrene jüdische Verleger und sein Autor einig. Als Celan Fischer jetzt *nach den vielen schlechten Erfahrungen mit dem S. Fischer Verlag* die Kooperation aufkündigte, reagierte Gottfried Bermann Fischer zutiefst enttäuscht – und kühl.[200]

Trotz anhaltender Verstörungen der geschilderten Art waren die zwei Jahre vom Frühjahr 1963 bis zum Frühjahr 1965 eine dichterisch produktive Phase. Der größte Teil des Bandes *Atemwende* entstand, bis sich Celan im Mai 1965 – wie Shakespeares König Lear *Ins Hirn gehaun – halb? zu drei Vierteln?* (II, 93) – wieder für Wochen in eine psychiatrische Klinik begeben mußte. Im September 1965 konnte er den Band jedoch beenden.

Atemwende, 1967 im Suhrkamp Verlag erschienen, nimmt einen bedeutenden Platz in Paul Celans Werk ein. Beginnend beim Titel, greift der Band poetologische Perspektiven der Büchner-Preis-Rede *Der Meridian* vom Oktober 1960 auf. Im ständigen Bezug auf das Werk Georg Büchners (das er erst kurz vorher durch ein Seminar Hans Mayers in Paris näher kennenlernte), aber auch auf Pascal, Malebranche, Mallarmé, Kropotkin, Landauer, Kafka, Benjamin und den russischen Philosophen Lew Schestow hatte der Autor eine explizite Kritik an der *Kunst* vorgetragen und ihr die *Dichtung* entgegengesetzt. *Kunst*, das ist für Celan in dieser Rede, gestützt auf Büchner-Zitate, *ein marionettenhaftes, [...] kinderloses Wesen*, erscheinend *in Affengestalt*; «Holzpuppen», gespeist aus abstraktem «Idealismus» (so schon Büchner, von Celan zitiert); eine Welt von *Automaten* und *täglich perfekteren Apparaten*, erkauft durch *ein Hinaustreten aus dem Menschlichen*. Dem setzt Celan emphatisch die *Dichtung* entgegen, mit ihrem lebendigen *Gegenwort [...], das den «Draht» zerreißt*, an dem die Puppen befestigt sind. Sie vollzieht sich nicht als selbst- und sprachmächtiger, bei sich bleibender Akt des monadischen Ich wie bei Gottfried Benn («es gibt nur ein Begegnen: im Gedichte / die Dinge mystisch bannen durch das Wort»[201]), sondern nur *im Geheimnis der Begegnung*, dialogisch, als Gespräch zwischen einem Ich und einem Du, das vielerlei Gestalt annehmen kann. Freilich, der Autor von heute ist nie daraus entlassen, *unter dem Neigungswinkel seiner Existenz* zu schreiben. Sein Gedicht muß stets *seiner Daten eingedenk* sein, des mörderischen *20. Jänner* (1942) und aller seiner Folgen. Das heißt auch, daß es sich aller herkömmlichen, liebgewordenen Projektionen von Sinn und Bedeutung entschlagen muß, denn Auschwitz hatte und hat keinen Sinn. Dies ist der Augenblick einer Inversion, einer Umkehr und Wende, die alle geläufigen Inversionen, und stammten sie von Hölderlin oder Rilke («Du mußt dein Leben ändern»), weit übersteigt. Dichtung von heute kann dem so anderen historischen Augenblick, dieser *Majestät des Absurden*, nur gerecht werden, indem sie sich allen herkömmlichen ‹Kunst-Mitteln›, auch denen einer Ästhetik des Erhabenen oder einer sogenannten ‹reinen Kunst›, versagt und *alle Tropen und Metaphern ad absurdum* führt. Aus solcher Negation heraus, und nur aus ihr, kann sie, vielleicht, wieder etwas Lebendiges werden: Dichtung als *Atem, das heißt Richtung und Schicksal.* Nur wer bereit ist, wie Büchners Lenz auf dem Kopf zu gehen, zu stocken, durch *ein furchtbares Verstummen* zu gehen, sich den *Atem und das Wort* verschlagen zu lassen, kann an diesen Punkt der Umkehr gelangen. *Dichtung*, so sagt Celan, *das kann eine Atemwende bedeuten* (III, 187–202).

Nach dem vielzitierten Wort Theodor W. Adornos, das natürlich auch Celan kannte, sei es «nach Auschwitz […] unmöglich» geworden, «Gedichte zu schreiben»[202].

Wie Celan zu dem Verdikt Adornos (den er mittlerweile persönlich kennengelernt hatte) stand, zeigt eine polemische Notiz im Umkreis des Bandes *Atemwende*: *Kein Gedicht nach Auschwitz (Adorno): was wird hier als Vorstellung von «Gedicht» unterstellt? Der Dünkel dessen, der sich untersteht, hypothetisch-spekulativerweise Auschwitz aus*

Theodor W. Adorno
in Sils Maria, Sommer 1960

der Nachtigallen- oder Singdrossel-Perspektive zu betrachten oder zu berichten.[203] Damit wies Celan für seine Person zwei gleicherweise unangemessene Haltungen zurück: zum einen, wie ein spätromantisch-sentimentaler Liedersänger unerschüttert weiterzudichten, als ob nichts geschehen wäre; und zum anderen, naiv zu glauben, ‹über› Auschwitz könne man *berichten,* also dem Geschehenen durch irgendeine Art von Abbildung gerecht werden. Aber welche andere Sprache würde *dem was war* gerecht? Celan hatte seit Mitte der vierziger Jahre verschiedene, immer dringlichere Versuche unternommen, eine Antwort auf diese Frage zu finden, am deutlichsten faßbar in seiner Absage an das *schöne Gedicht* zugunsten der *graueren Sprache.* Die Büchner-Preis-Rede und der Gedichtband *Atemwende* treiben diese Suche noch entschieden weiter. Die unheimliche Nähe zwischen ‹reiner› Kunst und menschenverachtendem Handeln, die erstmals die *Todesfuge* evoziert hatte, wird im *Meridian* in aller Schärfe thematisiert. Am Ende steht das Paradox des Gedichts, das immer zugleich seine Unmöglichkeit, seine Ortlosigkeit mitreflektiert, das entsteht *im Lichte der U-topie. – Und der Mensch? Und die Kreatur? – In diesem Licht.* (III, 199)

Diese Unmöglichkeit von Lyrik angesichts der Erfahrung des *Abgrunds* hatte bereits das Gedicht *Tübingen, Jänner* artikuliert, ausgelöst durch einen Besuch Celans in Tübingen im Januar 1961. Angesichts der *Erinnerung an / schwimmende Hölderlintürme* (ihre Spiegelung im Neckar) zitiert der Text, gebrochen, Hölderlins Verszeile «*ein / Rätsel ist Rein- / entsprungenes*». In dieser Sprache kann nun, im *Jänner* der Weltgeschichte, nicht mehr gesprochen werden: *Käme, / käme ein Mensch, / käme ein Mensch zur Welt, heute, mit / dem Lichtbart der / Patriarchen: er dürfte, spräch er von dieser / Zeit, er / dürfte / nur lallen und lallen, / immer-, immer- / zuzu. // («Pallaksch. Pallaksch.»)* (I, 226) Ein Sprechen am *Abgrund, im Lichte der U-topie* kann also nur ein stockendes Sprechen, ein Stottern und *Lallen* sein, in der letzten Zeile markiert durch die rätselhafte Wendung «Pallaksch. Pallaksch», die der umnachtete Hölderlin im Gespräch gern gebrauchte. Dem Wahn der Wirklichkeit antwortet eine Sprache, die sich den geläufigen Bedeutungszuschreibungen wie

Die Neckarfront in Tübingen
mit den «schwimmenden Hölderlintürmen»

dem instrumentellen Gebrauch entzieht und nun selbst wahn-
haft wirkt. Eine solche Umkehr und *Atemwende* zu vollziehen,
kann als *Akt der Freiheit* (III, 189) erfahren werden, aber sie bezeichnet auch einen furchtbaren Verlust: vom Bedeutenden
zum Un-bedeutenden im wörtlichen Sinne. «Was Deutung
war, ist nur noch Deut [...] wertlose Münze des Zufalls.»²⁰⁴ Dieser Hinweis Bernhard Böschensteins schlägt den Bogen zu einem der spätesten Gedichte Celans (gleichfalls mit Bezug auf
Hölderlin), das endet: *aus der Lostrommel fällt / unser Deut.* (III,
108)

In dieser Spannung zwischen dem *Schon-nicht-mehr* und
dem *Immer-noch* (III, 197) stehen die Gedichte des Bandes
Atemwende und alle, die ihm folgen. Unmißverständlich ist die
Absage an die eigenen, vielleicht zu «meisterlichen» Anfänge
in dem Wiener Band *Der Sand aus den Urnen*:

> *Keine Sandkunst mehr, kein Sandbuch, keine Meister.*
>
> *Nichts erwürfelt. Wieviel*
> *Stumme?*
> *Siebenzehn.*
>
> *Deine Frage – deine Antwort.*
> *Dein Gesang, was weiß er?*
>
> *Tiefimschnee,*
>   *Iefimnee,*
>   *I – i – e.*   (II, 39)

An die Stelle der Sandkunst, des nur Erwürfelten tritt, nach
dem Stocken des Atems und seiner Um-wendung (inversio),
der Zerfall der Sprache in Stotter- und Lall-Laute, ein Beinahe-
Verstummen. Und so wie die Sprache diesen Weg des Sichzu-
sammenziehens, wo nicht Erstarrens geht, so ändert sich auch
die Landschaft des Gedichts, beispielhaft im ersten Zyklus von
Atemwende mit dem Titel *Atemkristall*. Das erste Gedicht nennt
noch den Sommer, aber auch schon den *Schnee*, und jedes der

weiteren zwanzig Gedichte führt immer tiefer in eine winterliche Landschaft aus Hagel und Schnee, Gletscher und Eis. Die meisten Gedichte haben eine poetologische Dimension, signalisieren Prozesse des Kampfes ums richtige Wort, der gleichzeitig ein Kampf des Sprechenden gegen die zerstörte, «meineidige» Sprache, gleich ob in Politik, Alltag oder Kunst, ist: *Oben / der flutende Mob / der Gegengeschöpfe: er / flaggte – Abbild und Nachbild / kreuzen eitel zeithin.* (II, 29) Wie ein Manifest des neuen Sprechens in der und nach der *Atemwende* wirkt das letzte Gedicht des Zyklus. Es beginnt: *Weggebeizt vom / Strahlenwind deiner Sprache / das bunte Gerede des An- / erlebten – das hundert- / züngige Mein- / gedicht, das Genicht.* Es endet, nach der Ankunft bei *den gastlichen / Gletscherstuben und -tischen: Tief / in der / Zeitenschrunde, / beim / Wabeneis / wartet, ein Atemkristall, / dein unumstößliches / Zeugnis.* (II, 31)

Das Vokabular dieser Gedichte ist – das zeigen schon die wenigen Zitate – auffällig und merkwürdig. Der Autor hat sich für diesen Zyklus, neben jüdischem Gedankengut von Margarete Susman und anderen sowie geläufigen literarischen Zitaten (z. B. Rilkes «Sonette an Orpheus»), vor allem die Fachterminologie geologischer und geographischer Handbücher zunutze gemacht, deren Metaphernreichtum, zumal in den Substantivkomposita, ihn faszinierte. Hier fand Celan den Bezug auf den anorganischen Bereich des Nichtlebendigen, von dem seine Gedichte notgedrungen sprechen. Das Entscheidende ist freilich die semantische Umpolung, die solchen Wörtern wie *Weggebeizt, Gletscherstuben* oder *Büßerschnee* bei der Übertragung in den Raum des Gedichts zuteil wird.[205]

Der Zyklus *Atemkristall*, der aus dem Band *Atemwende* wie aus dem Gesamtwerk herausragt, wäre nicht denkbar ohne die Inspiration, die Celan in diesen Jahren aus den abstrakten Radierungen, sämtlich in Schwarz und Grau auf Weiß, seiner Frau Gisèle erfuhr. *In Deinen Stichen erkenne ich meine Gedichte wieder, sie gehen in sie ein, um in ihnen zu bleiben,* heißt es in einem Brief vom 29. März 1965.[206] Zunächst formulierte Celan Titel zu diesen Stichen. Darüber hinaus inspirierten sie ihn zu einer größeren Zahl von Gedichten. Im April 1966 eröffnete

Paul Celan und Gisèle Celan-Lestrange bei der
Kestner-Gesellschaft in Hannover auf einer Ausstellung
ihrer Bilder, 1964

das Pariser Goethe-Institut eine Ausstellung, die Paul Celans
Gedichte mit dem graphischen Zyklus seiner Frau unter dem
gemeinsamen Titel *Atemkristall* vereinte. Noch im selben Jahr
erschien ein bibliophiler Druck dieser Gedichte und Radierungen. 1968 entstand ein zweiter Zyklus, der 1969 in der gleichen
Ausstattung wie *Atemkristall* unter dem Titel *Schwarzmaut* publiziert wurde und dessen Gedichte später in den Band *Lichtzwang* eingingen. Dieses neue gemeinsame Buch zeigt, daß die
enge Beziehung zwischen Paul Celan und seiner Frau auch
nach seinem Auszug aus der Familienwohnung im November
1967 nicht aufhörte. Ein Vierzeiler aus *Atemkristall*, gereimt
und in Klammern gesetzt, lautet: *(Ich kenne dich, du bist die tief
Gebeugte, / ich, der Durchbohrte, bin dir untertan. / Wo flammt ein
Wort, das für uns beide zeugte? / Du – ganz, ganz wirklich. Ich –
ganz Wahn.)* (II, 30) Man kann dabei an die Beziehung zwischen Paul und Gisèle Celan während der sechziger Jahre denken.

Die unter dem beizenden *Strahlenwind* von Celans Sprache entstandenen Gedichte aus *Atemkristall* korrespondieren

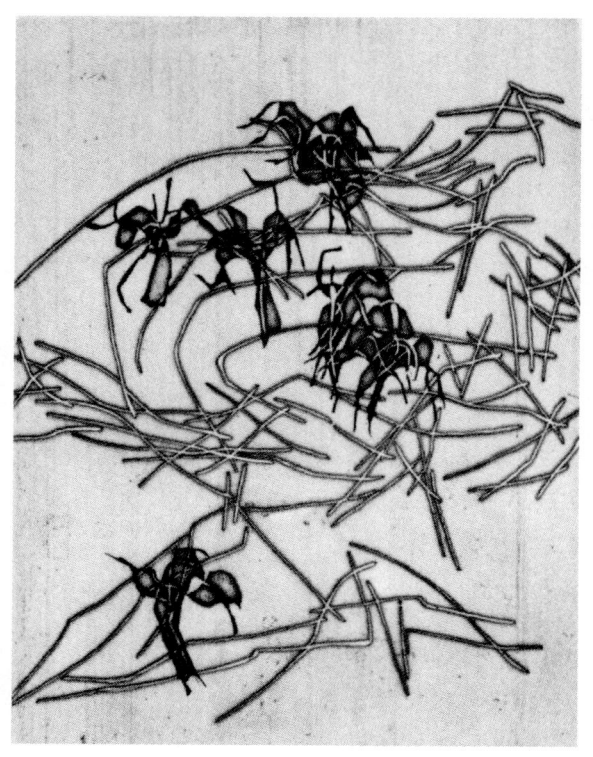

Gisèle Celan-Lestrange: Radierung zu
Paul Celans Gedichtzyklus «Atemkristall», 1965

in ihrem Gestus frappierend mit den Graphiken von Gisèle
Celan-Lestrange. Die Worte sind wie mit einer Radiernadel in
eine Kupferplatte geritzt, und das Ganze eines Textes läßt einen tatsächlich an den Abdruck einer Metallplatte denken, aus
der die eingravierten Linien, mit Säure übergossen, scharf her-
vortreten – Zeichen und Gebilde jenseits des Organischen, in
denen sich dessen Verlust manifestiert; *Lieder*, die *jenseits / der
Menschen* zu singen sind.

Das sind Worte aus dem Gedicht *Fadensonnen* (II, 26), nach
dem der ganze folgende Band benannt ist, der zwischen September 1965 und Juni 1967 entstand. *Schaufäden, Sinnfäden, aus*

/ *Nachtgalle geknüpft* / *hinter der Zeit* (II, 88) reichen aus *Atemwende* in das neue Buch *Fadensonnen* hinüber. Atmete der *Meridian* von 1960 noch die Hoffnung auf das gelingende *Gespräch*, die *Begegnung* lebendiger Menschen in der *Atemwende*, so fällt es bei den neuen Gedichten immer schwerer, solche Signale zu entdecken. *Die Simili-* / *Dohle* / *frühstückt.* // *Der Kehlkopfverschlußlaut* / *singt* (II, 114), heißt es in Anspielung auf Franz Kafka, seine Krankheit und sein Verstummen. Freilich ist dies nicht das kleinlaute Verstummen der Resignation.

> FADENSONNEN
> über der grauschwarzen Ödnis.
> Ein baum-
> hoher Gedanke
> greift sich den Lichtton: es sind
> noch Lieder zu singen jenseits
> der Menschen.
>
> (II, 26)

Paul Celans *Stehen, im Schatten* / *des Wundenmals in der Luft* bleibt widerständig, auch wenn es ein *Für-niemand-und-nichts-Stehn* sein mag, *auch ohne* / *Sprache* (II, 23). Selbst noch das gelallte, das gekrächzte, am Ende erschwiegene Wort bleibt *Gegenwort*.

Immer deutlicher und häufiger nehmen die Gedichte nun auch die eigenen Erfahrungen der Krankheit und der sich wiederholenden Klinikaufenthalte in sich auf. Zwischen November 1965 und Juni 1966 mußte Celan sich durchgehend auf psychiatrischen Stationen bei und in Paris aufhalten. Die Behandlungen waren massiv; Psychopharmaka und Elektroschocks spielten eine entscheidende Rolle. In dieser Zeit entstand der Gedichtzyklus mit dem sprechenden Titel *Eingedunkelt*. Im Februar 1967, nicht viel mehr als ein halbes Jahr später, mußte Celan sich aufgrund einer schweren psychischen Krise erneut in eine Pariser Klinik begeben. Die Behandlungen dauerten bis in den Mai hinein an. Danach kehrte er nicht in die Familienwohnung zurück, sondern blieb in der Klinik wohnen. Häufig übernachtete er auch in seinem Büro in der École Normale Supérieure. Im Herbst 1967 wurde die Trennung von der Familie endgültig – nicht weil die Gefühle der Ehepartner füreinander erkaltet waren, sondern weil der Autor nicht nur für sich selbst, sondern auch für Frau und Sohn zu einer großen Belastung, ja zeitweise zu einer Gefahr geworden war. An seinem 47. Geburtstag, dem 23. November 1967, zog Celan in ein eigenes Appartement im Quartier Latin, in der Nähe seines Arbeitsplatzes, der ENS. Für etwa ein Jahr, bis zum November 1968, blieb er von psychischen Krisen massiver Art verschont. Aber er war gezeichnet. Freunde, die ihn nach längerer Zeit wiedersahen, erschraken nicht nur über seine zunehmende Verdüsterung, sondern auch über den merklichen körperlichen Verfall. So erlebte es zum Beispiel Petre Solomon, der den Freund im November 1966, nach beinahe zwanzig Jahren, in Paris wiedersah. Das alte brüderliche Vertrauen war rasch wiederhergestellt, aber Solomon wußte, zumal nach einem zweiten Besuch im Juni 1967, daß sein Freund sehr krank und ernstlich gefährdet war.[207]

Zwischen den Klinikaufenthalten übte Celan seinen Beruf als Lektor für deutsche Sprache und Literatur, an dem er immer hing, engagiert aus und unternahm Lese- und Besuchsreisen nach Deutschland und anderswohin. Neue Freundschaften entstanden, wenngleich der Autor immer häufiger zu sehr vorsichtigen, *intermittierenden Beziehungen*[208] neigte. Aber auch für die sechziger Jahre wäre die Vorstellung falsch, Celan sei völlig vereinsamt gewesen. Zumeist waren es Übersetzungen zeitgenössischer französischer Lyriker, die zu persönlichen Verbindungen führten (Celans «russische Phase» ist 1963 nahezu vollständig abgeschlossen). So entwickelte sich eine ins Freundschaftliche gehende Bekanntschaft mit dem hochverehrten Henri Michaux,

Henri Michaux, 1959

dessen Werk Celan 1966 für S. Fischer herausgab und in Teilen übersetzte. Auch der aus Ägypten stammende jüdische Philosoph Edmond Jabès, Maurice Blanchot, dessen frühe antisemitische Pamphlete Celan wohl unbekannt blieben, Jacques Derrida (dieser erst 1968 über Peter Szondi), André du Bouchet, Jacques Dupin, Jean Daive und der Beckett-Übersetzer Elmar Tophoven, der ebenfalls an der ENS arbeitete und später Celans Nachfolger als Lektor für Deutsch wurde, kamen Celan nahe. Besonders wichtig waren die engen Freundschaften mit dem Altphilologen Jean Bollack und mit Edmond Lutrand, der nach dem Krieg für jüdische Hilfsorganisationen gearbeitet hatte und in den sechziger Jahren für den Rowohlt Verlag und das Pariser «Stern»-Büro tätig war.[209] In dessen Haus in Dampierre an der Loire war Celan in seinen letzten Lebensjahren manches Mal zu Besuch; dort schrieb er auch Gedichte.

Edmond Lutrand in Dampierre, 1964

Eine ganz eigene Freundschaft entwickelte sich mit Franz Wurm, einem aus Prag stammenden Juden (seine Eltern starben in Auschwitz), der seine Jugend in England verbracht hatte, seit 1949 in Zürich lebte und, neben seiner Arbeit für den Rundfunk, auch Gedichte schrieb. Der von 1963 bis 1970 anhaltende intensive Briefwechsel zwischen Wurm und Celan ist eines der aufschlußreichsten Dokumente zu Leben und Werk des Autors. Mit Wurm unterhielt er sich über beider Gedichte und Übersetzungen (auch Wurm hatte Char, Valéry und Shakespeare

übertragen), mit ihm nahm er die einst mit Petre Solomon ge-
pflegten Sprachspiele wieder auf. Größere Nähe entstand im
Herbst 1967 bei einem Aufenthalt Celans mit Wurm in Tegna
im Tessin. Wurm war es auch, der eine Begegnung zwischen
Celan und dem Körper- und Seelentherapeuten Moshé Feldenkrais in Paris im September 1967 vermittelte. Freilich sah auch
er sich außerstande, dem Autor zu helfen.

In diesen Jahren spielten die Beziehungen zu einigen Lite-
raturwissenschaftlern zunehmend eine Rolle, so zu Claude David in Paris (bei dem Gisèle Celan-Lestrange einst Sekretärin
gewesen war), zum jetzt in Hannover lehrenden Hans Mayer,
zu Bernhard Böschenstein in Genf, vor allem aber zu dem
Schweizer Germanisten Beda Allemann, dem Celan die Herausgabe seiner Werke für die Zeit nach seinem Tod anvertraute. Mit ihm gestaltete er auch anläßlich der Verleihung des
Nobelpreises an Nelly Sachs im Dezember 1966 einen Lese-
und Vortragsabend in Paris. 1964 hatte Celan die junge Germa-
nistin Gisela Dischner kennengelernt, die über das Werk von
Nelly Sachs promovierte. Mit ihr verband ihn bis in sein
Todesjahr eine *intermittierende*, aber gleichwohl sehr persönliche Beziehung.

Das Jahr 1967 brachte für Paul Celan zwei Begegnungen,
die er sich gewünscht hatte, die ihn aber auch, weil sie vehement an die Nazivergangenheit erinnerten, aufwühlten und
verstörten. Im Juli dieses Jahres traf er Martin Heidegger, im
darauffolgenden Dezember hielt er sich für mehrere Tage in
Berlin auf, das er bisher nur einmal in seinem Leben, auf der
Durchreise nach Paris am 10. November 1938, berührt hatte.

Celan hatte Heideggers Werk in seinem Wiener Halbjahr
1948 mindestens durch Gespräche mit Ingeborg Bachmann
kennengelernt. Schließlich promovierte sie später über ihn
(«gegen ihn», wie sie selbst sagte) mit der Arbeit «Die kritische Aufnahme der Existentialphilosophie Martin Heideggers». Ab 1952 sind regelmäßige Buchkäufe und Lektüren von
Schriften des Freiburger Philosophen belegt. «Sein und Zeit»,
«Einführung in die Metaphysik», «Holzwege» und mehrere
Aufsätze über Lyriker von Hölderlin bis Trakl hat Celan gründ-

Franz Wurm und Paul Celan in Tegna, September 1967

lich gelesen. Natürlich war Celan Heideggers massives Engagement für die Nazis bekannt. Dieser war Mitglied der NSDAP gewesen, hatte sich im Frühjahr 1933 zum Rektor der Universität Freiburg wählen lassen und in seiner Antrittsrede über «Die Selbstbehauptung der deutschen Universität» die nazistische Formierung des «Wissensdienstes» gefordert. Auch zum Gedenken des Nazi-Märtyrers Leo Schlageter hielt er eine Rede. Von innerer Umkehr nach 1945 konnte keine Rede sein, eher von erfolgreicher «Überlebenstaktik»[210]. Was aber war es dann, das Paul Celan so stark und dauerhaft an Heidegger fesselte? Nun, mit Gewißheit verspürte Celan eine große Nähe zu dessen Vorliebe für die «pontifikale» (mit Brecht zu sprechen), die Hölderlin-Linie der deutschen Poesie – und die damit verknüpfte Annahme, daß (allein) Dichtung ein Wesentliches, ein Letztes aussagen könne angesichts einer entgötterten Welt im Zeichen der «Seinsvergessenheit». Auch Celan war vertraut, was Löwith im Blick auf Heidegger dessen «gottlose

Theologie» genannt hat.[211] Überdies war er von ebendem angezogen, was andere an Heideggers Philosophieren abstieß: seiner Sprache. Freilich ist zu vermuten, daß Celan nie vollständig bewußt war, was ihn von Heidegger radikal trennte: dessen «A-humanismus», sein Verzicht auf eine Ethik, sein tatsächlich «jenseits von Gut und Böse» angesiedeltes Philosophieren.[212] Sie sind die Voraussetzung seines Verhaltens im Dritten Reich ebenso wie seiner Verstocktheit hernach.

Über mehr als ein Jahrzehnt war es Celan gelungen, die Faszination durch die Schriften Heideggers von ihrem Autor, den er zutiefst kritisch sah, getrennt zu halten. 1959 hatte er dem von Heidegger selbst geäußerten Wunsch widerstanden (wie auch Ingeborg Bachmann), zur Festschrift anläßlich seines 70. Geburtstags ein Gedicht beizusteuern. Jetzt, im Sommer 1967, folgte er der Einladung zu einem Besuch Freiburgs durch den Germanisten Gerhart Baumann, und es mußte ihm klar sein, daß es zu einer Begegnung mit Heidegger kommen würde. Er wußte, daß dieser seine Gedichtbände kannte und hoch schätzte. So las Celan im Auditorium maximum der Universität Freiburg vor etwa eintausend Menschen – eine bemerkenswerte Zuhörerschaft für einen Lyriker vom Range Celans –, und in der ersten Reihe saß Martin Heidegger. Für den nächsten Tag verabredete man sich zu einem Ausflug zur einsamen Hütte des Philosophen im Hochschwarzwald, in der Nähe des Dorfes Todtnauberg.[213]

Was sich an diesem Tag zwischen Martin Heidegger und Paul Celan ereignete – oder auch nicht ereignete –, worüber gesprochen und geschwiegen wurde, ist bis heute umstritten, obwohl sich die Zahl der Dokumente, die darüber Auskunft geben, in den letzten Jahren vermehrt hat. Gewiß ist, daß Celan sich beim Aufenthalt in der Hütte ins Gästebuch eintrug. *Ins Hüttenbuch, mit dem Blick auf den Brunnenstern, mit einer Hoffnung auf ein kommendes Wort im Herzen. Am 25. Juli 1967 / Paul Celan.*[214] Wenige Tage später entstand das Gedicht *Todtnauberg*, das der Autor nach Freiburg an Heidegger schickte (später ging es in den Band *Lichtzwang* ein). Das Gedicht ist an der Oberfläche lesbar als lyrisches Stenogramm dieses Ausflugs: *Arnika,*

Martin Heidegger am Brunnen mit dem Sternwürfel vor seiner Hütte in Todtnauberg, 1966. Foto von Digne Meller Marcovicz

Augentrost, der / Trunk aus dem Brunnen mit dem / Sternwürfel drauf – so situiert es sich eingangs. Dann nimmt der Text, kaum verändert, den Eintrag Celans ins Gästebuch auf *von / einer Hoffnung, heute, / auf eines Denkenden / kommendes / Wort / im Herzen*, verknüpft mit der besorgten Frage bezüglich dieses Gästebuchs: - *wessen Namen nahms auf / vor dem meinen?* –; danach, mit wenigen Worten, die Skizze der Hochmoorlandschaft und der Rückfahrt im Auto, bei der Merkwürdiges geredet wird: *Krudes, später, im Fahren, / deutlich.* (II, 255) So läßt sich das Gedicht lesen als ernüchterte Bilanz einer Begegnung, bei der der eine, der überlebende Jude, vom andern, der verantwortlich auf der Täterseite stand, ein sei es erklärendes, sei es entschuldigendes, jedenfalls *ein kommendes Wort* erhofft, aber nur *Krudes* – Rohes, in seiner alten Bedeutung: Grausames – zu hören bekommt, banales Alltagsgerede möglicherweise. Mehrfach hat Celan in Gesprächen angedeutet, daß er von Heidegger Rechenschaft erwartet habe, sie aber nicht erfolgte. Anderen gegenüber – Marie Luise Kaschnitz, Klaus Reichert, die er danach in Frankfurt traf, wie auch Franz Wurm in einem Brief – hat er seiner Genugtuung über den Verlauf des Gesprächs Ausdruck gegeben. Worin aber könnte diese bestanden haben, wo doch *ein kommendes Wort* offenbar gerade nicht gesprochen wurde? Jean Bollack, der Celan sehr gut kannte, deutet den Besuch des Freundes beim einst dem Nazismus verbündeten Philosophen als von Celan in seinem konkreten Ablauf geplantes und inszeniertes Treffen, als «Tribunal der Toten» am *Todtnauberg*, der an «Toten-Au» und die NS-Organisation Todt (die für die Mordlager in der Ukraine mitverantwortlich war) erinnert. Der *Sternwürfel* des Gedichts, in der Nähe der gelbblühenden *Arnika*, gemahnt dann an den Judenstern, die *Waldwasen, uneingeebnet, die Knüppel- / pfade im Hochmoor* werden zur Szenerie eines nazistischen Moorlagers und seines Friedhofs. Kurz, die Moorwanderung ist die Bühne einer Höllenfahrt, eines Prozesses, bei der der Schuldige gestellt und mit seinen Verbrechen konfrontiert wird. Hatte George Steiner vermutet, Celan sei bei dem Treffen das «Risiko eines äußersten Vertrauens in die Möglichkeit der Begegnung» eingegangen [215], so geht Bollack vom Gegenteil aus: Nicht vertrauensvolle Begegnung, gar Versöhnung sei Celans Ziel gewesen, sondern kalkulierte Abrechnung, Richtigstellung dessen, was einmal war – und immer noch war. [216]

Bollack sieht, anders als die meisten Celan-Interpreten, diese Intention des Autors als häufig gegeben an, auch in seinem gescheiterten Verhältnis zu Ingeborg Bachmann, auch in den mißlingenden Beziehungen zu versöhnungsbereiten Juden wie Nelly Sachs oder Martin Buber, selbst in der scharfen Kritik am toten Walter Benjamin. [217] In der Tat ist diese Komponente in der Haltung Celans bisher unterschätzt worden, doch es wäre verfehlt, sie absolut zu setzen. Vielmehr ist gerade für das letzte Lebensjahrfünft Celans seine weitreichende, ihn quälende Ambivalenz charakteristisch, wie viele seiner Freunde und Bekannten bezeugen, sein *Es ist nicht so einfach* [218]. Wenn er nur mit Heidegger abrechnen wollte: Warum dann hat er den zitierten Satz ins Gästebuch Heideggers geschrie-

ben? Warum hat er sich im Juni 1968 und im März 1970 erneut
mit ihm in Freiburg getroffen? Warum sonst hat er sich im Juli
1967 zunächst gegen ein gemeinsames Foto mit Heidegger ver-
wahrt und diese Verweigerung Minuten später zurückgenom-
men? Übrigens ist vor kurzem ein Brief Heideggers an Celan
vom 30. Januar 1968 – also am 35. Jahrestag der Machtüber-
nahme der Nazis geschrieben – aufgetaucht, in dem er dem
Dichter für das «unerwartete grosse Geschenk» des erwähnten Gedichts dankt und feststellt: «Seitdem haben wir vieles
einander zugeschwiegen. Ich denke, dass einiges noch eines
Tages im Gespräch aus dem Ungesprochenen gelöst wird.»[219]
Überdies hat Heidegger ein Gedicht mit dem Titel «Vorwort»
verfaßt, das er *Todtnauberg* als eine Art Prolog mitgegeben wissen wollte. Allerdings kam es Celan nicht mehr zur Kenntnis[220]. Das «Ungesprochene», das «Einander-Zuschweigen»
behauptete sich.

Auch der Berlin-Aufenthalt Paul Celans vom 16. bis zum
29. Dezember 1967 kann als Hadesfahrt und Totengericht gedeutet werden. Der Autor las bei Walter Höllerer in der West-
Berliner Akademie der Künste und im Seminar von Peter Szondi in der Freien Universität. Außerdem machte Ernst Schnabel
eine Fernsehaufnahme mit ihm. Ansonsten streifte Celan
durch das winterlich verschneite West-Berlin (einen Besuch
Ost-Berlins erwog er offenkundig nicht), mit Peter Szondi, mit
Marlies Janz, mit dem Arzt und Psychoanalytiker Walter Geor-
gi (mit ihm und Günter Grass hatte er 1959 eine Segelpartie auf
dem Zürcher See unternommen) und mit anderen. Vor allem
durch Szondis Begleitung, aber auch aus dem Interesse von
Celan selbst ergab sich bei der Stadtbesichtigung eine Konzen-
tration auf Orte, die mit der Gewaltvergangenheit Deutschlands zu tun hatten. Sehr persönlich war das Wiedersehen mit
der Ruine des Anhalter Bahnhofs (dem *Anhalter Trumm*), an
dem er am 10. November 1938 angekommen war. Das Gedicht
Lila Luft mit gelben Fensterflecken erinnert die damalige *Kokelstun-
de* (II, 335), deren Celan schon 1962 im Gedicht *La Contrescarpe*
gedacht hatte (I, 283). Zu einer erschütternden Bilanz deutscher
Terrorgeschichte wurde das Gedicht *Du liegst im großen Ge-*

lausche. Wie *Todtnauberg* ist es als Stenogramm der Besichtigung und Exploration einer Szenerie zu lesen. Vor Celans Auge entstand das, was man heute die «Topographie des Terrors» nennt; eine Konfrontation mit Orten der Krankheitserzeugung, seiner Erkrankung wie der des Landes: der *Landwehrkanal*, in den die Leichen von Rosa Luxemburg und Karl Liebknecht geworfen worden waren, die *Fleischerhaken* der Hinrichtungsstätte Plötzensee, an denen man die Männer des 20. Juli 1944 aufgehängt hatte, das Hotel *Eden*, in dem Luxemburg und Liebknecht vor ihrer Ermordung gefangengehalten wurden. Aber auch ein hübscher Weihnachtsmarkt mit *roten Äppelstaken / aus Schweden* gehört zur neudeutschen Szenerie, und *Fleischerhaken* reimt sich sogar auf *Äppelstaken.* Das Gedicht endet:

> *Der Mann ward zum Sieb, die Frau*
> *mußte schwimmen, die Sau,*
> *für sich, für keinen, für jeden –*
>
> *Der Landwehrkanal wird nicht rauschen.*
> *Nichts*
>   *stockt.*   (II, 334)

Peter Szondi, von dem einige der frühesten und besten Studien zum Werk Celans stammen, hat die Materialien und Realitätspartikel, die diesem *Wintergedicht* (so der ursprüngliche Titel) zugrunde liegen, aufgeschlüsselt. Doch auch ohne diese Hilfen ist deutlich: Der zweifache Mord in einem anderen *Jänner* (1919) hat kein *Rauschen* ausgelöst, keinen menschlichen, revolutionären Aufbruch. Im Gegenteil, *Nichts / stockt.* Szondi kommentierte: «Darüber, daß nichts stockt, stockt das Gedicht. – Daß nichts stockt, macht das Gedicht stocken.»[221] Das vielleicht Beunruhigendste liegt in der absoluten Indifferenz der Sprache, die auch eine solche der Geschichte anzeigt: «Eden», das war einmal das Himmelreich, die Utopie menschlichen Glücks schlechthin. Bei Celan heißt es aber, in der Mitte des Gedichts, *ein Eden*. Ein und dasselbe Wort bezeichnet das

Paradies, ein Hotel, das ein Ort des Verbrechens wurde, und, seit den sechziger Jahren, eine moderne Appartementanlage.[222] Die *Vielstelligkeit des Ausdrucks* (III, 167), von der Celan immer fasziniert und die seiner Poetik des Gedichts eingeschrieben war , wird als Falle der Gleichgültigkeit erkennbar, als ein schwarzes Loch, in dem alle Differenzen, auch die von Gut und Böse, von Leben und Tod, verschwinden. War es so, dann war die Arbeit Paul Celans an der Sprache, wie die seines Exegeten Peter Szondi, bodenlos geworden.[223]

«Sag, dass Jerusalem ist»

Paris, Mai 1968 – Israel, Oktober 1969   Am 23. November 1967, es war sein 47. Geburtstag, war Celan aus der Klinik in eine eigene möblierte Wohnung gezogen. *Nach zwanzig Jahren Paris habe ich heillos sedentärer Nomade wieder so ein beinahnettes Studikerzeltchen aufzuschlagen das Vergnügen gehabt*, schrieb er an Franz Wurm. Das bescheidene Studio lag mitten im Quartier Latin, in der Rue Tournefort. *Qui tourne (et tournera) fort?* fragte er sich, nicht nur im Scherz.[224] Eine wichtige Wendung war, daß für die kommende Zeit die École Normale Supérieure wieder der Mittelpunkt seines Lebens wurde, nicht nur freiwillig. Mit seinem Sohn Eric traf er sich regelmäßig, ansonsten konzentrierten sich seine geselligen Kontakte auf das Quartier Latin, zum Beispiel auf sein Stammlokal Chope an der Place de la Contrescarpe. Freilich gab er die Hoffnung nicht auf, wieder mit seiner Familie zusammenleben zu können.

Zu Jahresbeginn 1968, nach der Berlin-Reise, sah sich Celan erneut *auf das eindringlichste auf meine Grenzen verwiesen, auf meine Unfreiheit, mein Nirgendwo; mir ist, mit einem Wort, ziemlich elend zumute, Paris ist mir eine Last – die ich nicht abschütteln darf, ich weiß –*[225]. So blieb es bis ins Frühjahr hinein. Nach drei Wochen Osterferien in London, in denen er auch Erich Fried sah und mit ihm über Israel stritt, kam der Pariser Mai 1968, und dieser wurde zu einem Ereignis, das Celan zunächst begeisterte und hoffen ließ, und dann zutiefst enttäuschte. Es kam hinzu, daß sich der Pariser Mai für ihn gleichsam durch einen – am Ende negativen – *Meridian* mit anderen epochalen Ereignis-

Das Café La Chope (rechts) an der Place de la Contrescarpe

sen des Jahres 1968 verknüpfte: mit der Protestbewegung der deutschen Studenten sowie mit dem Prager Frühling und seiner Niederschlagung durch sowjetische Truppen Ende August dieses Jahres. Alle diese Ereignisse betrafen das Verhältnis von autoritärer Macht und Ohnmächtigen, die Alternative von Knechtung und Freiheit.

Dies war eine Konstellation, die Paul Celan seit seiner Jugend beschäftigt hatte und die ihn existentiell betraf. Er hatte sich mit anderen in antifaschistisch-sozialistischen Jugendgruppen getroffen und theoretische Schriften des Marxismus wie des Anarchismus studiert. Die sowjetische Besetzung der Bukowina 1940/41 und erneut ab 1944, vor allem aber dann seine Bukarester Erfahrungen im Übergang des Landes zur «Volksdemokratie» hatten ihn skeptisch gemacht und schließlich zur Flucht gedrängt. Seither hatte er nie wieder ein Land des Ostblocks betreten, obwohl er zu gern Czernowitz wiedergesehen, Erich Einhorn in Moskau besucht oder auch

Franz Kafkas Prag leibhaftig kennengelernt hätte. Doch der «marxiste blessé», wie Petre Solomon den Freund nannte [226], unterschied streng zwischen seinen sozialistisch-kommunistischen Idealen und *dem verscharrten Oktober* (II, 103), den Regimen des «realen Sozialismus», im Stalinismus zumal. Seine nähere Einlassung auf Ossip Mandelstam, die einer Identifikation gleichkam, hatte diese Position befestigt. Mit ihm und anderen russischen Dichtern hing er einem *Sozialismus ethisch-religiöser Prägung* an, und *die Revolution* war ihm *der Anbruch des Anderen, der Aufstand der Unteren, die Erhebung der Kreatur – eine Umwälzung von geradezu kosmischem Ausmaß.* Augenblicke einer solchen *Revolution* mit einem deutlich *chiliastischen Zug* [227] meinte Celan in vielen politischen Revolutionen seit 1789 wahrzunehmen, so in der Pariser Commune von 1871, in der Oktoberrevolution 1917, im Spartakusaufstand 1919, im Wiener Arbeiteraufstand vom Februar 1934 und im Spanischen Bürgerkrieg 1936–38. Vor allem auf letzteren und sein *Schibboleth* (I, 151), seine Losung *No pasaran* kam er immer wieder zurück und sah dieses Ereignis *In eins* (I, 270) mit allen früheren und späteren, die sein *vieux cœur de communiste* [228] erregten. Daß seine Hoffnung im Osten lag, wie er mehrfach betonte, hing natürlich auch mit seinen schlechten Erfahrungen im Westen zusammen, mit Frankreich zuzeiten des Algerienkrieges, vor allem aber mit der deutschen Bundesrepublik. *Etwas ist faul im Staate D-Mark*, schrieb er 1962 an Alfred Margul-Sperber [229], und damit meinte er jegliche Art von Verharmlosung der NS-Herrschaft, im Literaturbetrieb und anderswo.

So ist es auf Anhieb nachvollziehbar, daß Paul Celan, der immer schon gern unter Freunden zu vorgerückter Stunde die alten Revolutionslieder sang, seine *chiliastische* Sehnsucht anfangs ungeschmälert auf den Pariser Mai 1968 übertrug, den er aus dem Geiste Gustav Landauers deutete. Parolen wie «La beauté est dans la rue» oder «La société est une fleur carnivore» mußten ihm gefallen, und so war es für ihn eine Selbstverständlichkeit, daß er sich am Streik seiner Universität beteiligte und an Demonstrationen teilnahm. Stolz berichtete er Franz Wurm, daß es auch in seiner Straße Barrikaden gegeben habe.[230] Stéphane Mosès, Germanist an der ENS, der Celan seit 1962 kannte, traf ihn zufällig auf dem Weg zu einer Massenkundgebung an der Gare de l'Est. Celan befand sich in Hochstimmung, ging eingehakt und sang begeistert die Internationale mit. Freilich, daß man sich hernach auch wieder trennen mußte, konnte Celan nicht verstehen. Sein Bedürfnis nach Gemeinschaft war so überlebensgroß wie seine Einsamkeit.[231]

Doch Celans Enthusiasmus hielt nicht an. Die Gewalt, vor allem die der Polizei, war ihm nicht geheuer, und ebenso schreckte ihn das Gerangel einzelner linker Parteien und Gruppen, der moskaunahen KPF zumal. Außerdem vermischten sich die Pariser Erfahrungen mit Berichten und Eindrücken aus der Bundesrepublik. Am 11. April 1968 war Rudi Dutschke durch ein Attentat schwer verletzt worden.[232] Anfang Mai demonstrierten die deutschen Studenten und die Gewerkschaften, getrennt voneinander, gegen die Notstandsgesetze. Im Zusammenhang mit diesen Ereignissen, bei denen Celan spontan auf seiten der Protestierenden stand, rückte ihm aber auch jener unsägliche linke Antizionismus nahe, den der Autor nur als zeitgemäße Tarnung des Antisemitismus wahrnehmen konnte. Und wenn er einen Aufsatz wie Rudi Dutschkes «Vom Antisemitismus zum Antikommunismus» im brandneuen rororo-Band «Rebellion der Studenten» las, dann mußte ihn *tiefstes Unbehagen* ergreifen vor den so gar nicht unautoritären Antiautoritären.[233]

Und die Hoffnung aus dem Osten? Celans Briefwechsel mit Franz Wurm zeigt, daß er mit dem Prager Frühling sympathisierte und es ihn schmerzte, diesen zaghaften Versuch eines freiheitlichen Sozialismus brutal zerschlagen zu sehen. Wie Wurm, der einen längeren Prag-Aufenthalt geplant hatte, hing auch er *am Transistor*. Und das lag daran, *daß es mich nicht losläßt – wo's mich doch schon so lange hat.*[234] So mochte er auch im Juni 1969, als Wurm, mittlerweile schon Monate in Prag, ihn dorthin einlud, keine Reise in *diese sich täglich mehr und mehr verdüsternde Tschechoslowakei* unternehmen.[235]

Celans dreifache Hoffnung des Jahres 1968 – Paris, Berlin, Prag – auf den *Anbruch des Anderen,* den *Aufstand der Unteren,*

Paul Celan: «Ô les hâbleurs». Gedicht für Eric Celan,
entstanden vermutlich Ende Juli 1968. Faksimile

die Erhebung der Kreatur war in dreifache Enttäuschung umge-
schlagen. Einige Gedichte aus dieser Zeit manifestieren diesen
Umschlag deutlich. In *Leuchtstäbe*, geschrieben am 21. August
1968, also einen Tag nach dem sowjetischen Einmarsch in Prag,
lauten die letzten sarkastisch pointierten Verse: *ein Saug-
arm holt sich / den Jutesack voller / Beschlußmurmeln aus dem ZK, //
die Düngerrinne herauf und herunter / kommt Evidenz.* (II, 402) Am
2. Juni dieses Jahres hatte Celan das Gedicht *Für Eric* geschrie-

ben, eine dem knapp dreizehnjährigen, vom Geschehen faszinierten Sohn gewidmete Bilanz des Pariser Mai, voller Skepsis gegenüber der gerade erlebten ‹großen Geschichte›: *In der Flüstertüte / buddelt Geschichte, // in den Vororten raupen die Tanks, // unser Glas / füllt sich mit Seide, // wir stehn.* (II, 376)

Auch vorher schon hatte Celan von Zeit zu Zeit Gedichte geschrieben, die bezeugen, daß ein Ineinander von präzisem zeithistorischem Bezug, persönlicher politischer Parteinahme und hochkomplexer Poesie möglich ist. So arbeitete er im August 1967 an dem Gedicht *Einem Bruder in Asien* (II, 259), das eindeutig auf den Vietnamkrieg zielt, und bereits am 7./8. Juni 1967 entstand, ganz unter dem Eindruck des Sechs-Tage-Krieges im Nahen Osten, das Gedicht *Denk dir*, ein überraschend zugänglicher, beinahe zukunftsfroher Abschluß des Bandes *Fadensonnen*, der den Kampf der israelischen Soldaten von 1967 mit dem Widerstand der KZ-Insassen in den nazistischen Moorlagern *In eins* sieht. Die ersten beiden Strophen lauten:

> *Denk dir:*
> *der Moorsoldat von Massada*
> *bringt sich Heimat bei, aufs*
> *unauslöschlichste,*
> *wider*
> *allen Dorn im Draht.*

> *Denk dir:*
> *die Augenlosen ohne Gestalt*
> *führen dich frei durchs Gewühl, du*
> *erstarkst und*
> *erstarkst.*   (II, 227)

In ersten Niederschriften hatte das Gedicht begonnen: *Denk dir: / der Moorsoldat von Massada / bringt dir Heimat bei*[236]. Der kleine Unterschied zwischen *sich* und *dir* ist bemerkenswert, zeigt er doch, wie stark sich der Autor mit dem Krieg der Israeli als einem Kampf um ihre Existenz identifizierte und ihn sogar als Heimatgewinn für sich selbst verbuchte. Vergleicht man diese Haltung mit der des jugendlichen Antschel in Czernowitz, der die zionistische Sehnsucht seines Vaters nahezu verachtete, dann wird ein radikaler Sinneswandel erkennbar. Jüdisches Leben, jüdische Identität verkörperte sich für Paul Celan jetzt zuallererst in der gesicherten Existenz des Staates Israel. Diese Position war für ihn unzweifelhaft, als ihn im Sommer 1969 eine Einladung des Verbandes hebräischer Schriftsteller erreichte, um die er sich selbst bemüht hatte. Er nahm sie, wenn auch voller Selbstzweifel, freudig an und flog am 30. September 1969 nach Israel.

Diese Reise war die letzte große *Zäsur*[237] in der Biographie von Paul Celan. Jerusalem trat als entscheidender Ort seines Lebens neben Czernowitz und Paris, wohl noch vor Bukarest oder Wien. *Ich brauche Jerusalem, wie ich es gebraucht habe, ehe ich es fand*[238], schrieb er an den alten Freund Manuel Singer in Jerusalem, nachdem er nach Paris zurückgekehrt war. An Franz Wurm, zu der Zeit in Prag, schrieb er: *Siebzehn Tage in Israel: meine intensivsten, seit Jahren. Wo soll ich jetzt hin mit diesem Dort? [...] Dort, das war, zumal in Jerusalem, auch mein starkes Selbst. Umredet, umschwiegen, umlebt. – Ich habe bei weitem nicht alles gesehen und werde wieder hinmüssen.*[239]

Neben diesen emphatisch bejahenden Äußerungen stehen allerdings auch andere, vor allem aber die irritierende Tatsache, daß Celan seine Reise am 16. Oktober vorzeitig abbrach und ins ungeliebte Paris zurückkehrte. Wenn der Autor, wie vielfach berichtet wurde, wirklich ernsthaft erwogen haben sollte, nach Israel überzusiedeln, vielleicht in einem Kibbuz zu wohnen, so setzte er solchen Überlegungen durch seine plötzliche Abreise ein abruptes Ende. Die Erfahrung Israel, so zeigte sich, war voller Widersprüche und Zumutungen, und die Hoffnung, an diesem verheißungsvollen Ort die Probleme und Rätsel seines bedrohten Lebens endlich lösen zu können, erwies sich als unerfüllbar. Um so größer muß, bei allem Enthusiasmus, der Celan noch für Wochen nach seiner Rückkehr zeitweise beflügelte, die Enttäuschung gewesen sein.

In den ersten knapp zwei Wochen seines Israel-Aufenthalts überwogen die positiven Erfahrungen und Emotionen.

Er sah Verwandte und Jugendfreunde wieder – Edith Huber-
mann, David Seidmann, Manuel Singer, Sieghard Alper, Dorothea Müller-Altneu, Meier Teich. Er traf sich mit Bukowiner
Landsleuten wie Gideon Kraft, Hersch Segal, Israel Chalfen
und Manfred Winkler, einem jüngeren Lyriker, der auch
deutsch schrieb. Am 8. Oktober las er, eingeführt von dem aus
Würzburg stammenden renommierten Lyriker Jehuda Ami-
chai, seine Gedichte in Jerusalem – ohne die *Todesfuge* und mit
dem bekenntnishaften *Denk dir* als Beschluß. Das dichtge-
drängte Publikum war tief bewegt und zollte dem Dichter hef-
tig Beifall; *es war ein gutes Lesen, ein gutes Zuhören dort*[240], so
empfand es Celan selbst. Einer seiner Zuhörer war der Judaist
und Philosoph Gershom Scholem, dessen Bücher über die Kabbala Celan den Zugang zur jüdischen Mystik erschlossen hatten und mit dem er seit 1962 dreimal in Paris zusammenge-
kommen war. Auch der Empfang beim Hebräischen Schriftstellerverband in Tel Aviv am 14. Oktober, bei dem Celan von
mehreren Kollegen gewürdigt wurde und selbst eine kleine Rede hielt, war eine Genugtuung für ihn. Schließlich war er als
Jude, der der deutschen Sprache die Treue gehalten hatte und
nicht in Israel lebte, umstritten.

Seine Lesung in Tel Aviv am folgenden Tag, eingeführt von
David Rokeah, von dem er einige Gedichte übersetzt hatte, irri-
tierte ihn dann allerdings beträchtlich. Ilana Schmueli erinnert
die Ursachen dieser Irritation sehr genau: «[…] die Czernowitzer Landsmannschaft Tel Avivs versammelte sich neugierig,
um den ‹berühmten deutschen Dichter› zu hören, den man als
Kind in Czernowitz gekannt hatte. Die fordernde Hautnähe der
alten Freunde, das Bekannte und nicht mehr Bekannte, die
Pseudointimität, wohlwollendes Miß- und Unverständnis eng-
ten ihn ein. Er las, nach dreißig Jahren, vom ‹Damals› umringt,
und es war größte Einsamkeit in ihm. Hier wurde ihm überklar,
was ihm ja ohnehin längst klar war in seinem Leben: die unbe-
zwingbare Fremdheit, die sein Schicksal war. […] er machte sich
zur Waise, auch hier. – Er wußte, daß er auch hier nicht dazu-
gehören durfte, und es traf ihn aufs schmerzlichste, fast flüch-
tete er.»[241]

Dennoch hatte Israel und vor allem Jerusalem Celan eine zweifache Erfahrung geschenkt, die diese Reise, aller Ernüchterung zum Trotz, zum letzten Höhepunkt seines Lebens und seines Dichtens machte. Es war die Wiederbegegnung mit der vier Jahre jüngeren Czernowitzer Freundin Ilana Schmueli, die er aus der Zeit der Kriegswirren 1940 bis 1944 kannte und mit der er jetzt die meiste Zeit zusammen verbrachte, in und um Jerusalem. Und es war das Erlebnis dieser seit dem Sommer 1967 frei zugänglichen, wiedervereinigten Stadt. Die Begegnung zwischen Paul Celan und Ilana Schmueli wurde eine Liebe, die wohl beide, Celan und die Freundin, in ihrer Intensität und Unbedingtheit des gegenseitigen Vertrauens überraschte. Ilana Schmueli hat die Wege, die sie mit Celan zusammen erwanderte, tagebuchartig festgehalten – sein Fasziniertsein von den alten Stätten und Erinnerungsmalen und seine Scheu vor *zu viel Heiligem.* Dazu gehörte auch sein Verzicht – *ich habe es nicht verdient*[242] – auf eine Fahrt nach Masada, die Felsenfeste am Westufer des Toten Meeres. Dort sollen sich, nach einer heute umstrittenen historischen Überlieferung, im Jahre 73 n. Chr. etwa eintausend Juden selbst den Tod gegeben haben, als sie von römischen Legionen umstellt waren.

Nach seiner Rückkehr ins kalte Paris am 17. Oktober 1969 schrieb Celan bis in den Dezember hinein neunzehn Gedichte, die um die Erfahrung Jerusalems und seine Begegnung mit Ilana Schmueli kreisen. Sie bilden den zweiten von drei Abschnitten im letzten Lyrikband *Zeitgehöft*, der 1976 aus dem Nachlaß veröffentlicht wurde. Ein dazugehöriges Gedicht, *Mandelnde,*

> Ich bin zu Ihnen nach Israel gekommen, weil ich das gebraucht habe.
> Wie nur selten eine Empfindung, beherrscht mich, nach allem Gesehenen und Gehörten, das Gefühl, das Richtige getan zu haben – ich hoffe, nicht nur für mich allein. Ich glaube einen Begriff zu haben von dem, was jüdische Einsamkeit sein kann, und ich verstehe, inmitten von so vielem, auch den dankbaren Stolz auf jedes selbstgepflanzte Grün, das bereitsteht, jeden, der hier vorbeikommt zu erfrischen […]. Und ich finde hier, in dieser äußeren und inneren Landschaft, viel von den Wahrheitszwängen, der Selbstevidenz und der weltoffenen Einmaligkeit großer Poesie. […]
> Paul Celan, Ansprache vor dem Hebräischen Schriftstellerverband, 14. Oktober 1969

Paul Celan,
um 1969

war bereits im September 1968 entstanden. In engem Zusammenhang steht auch das im Dezember 1967 entstandene Gedicht *Du sei wie du.*

Ab dem 20. Oktober schickte der Autor fortlaufend Briefe an Ilana Schmueli, denen er die gerade entstandenen Gedichte beilegte. In jeden dieser Texte sind Erfahrungen aus drei Bereichen, in je unterschiedlicher Gewichtung, eingegangen. Anstöße kamen aus dem wirklich erlebten, erwanderten Jerusalem in diesen Oktobertagen 1969. Die Begegnung mit der heiligen Stadt war aber untrennbar verbunden mit dem Menschen, der den Dichter begleitete, Ilana Schmueli, und der innigen Beziehung zu ihr. Schließlich verbinden sich diese vielfältigen sinnlichen Erfahrungen mit Celans *pneumatischem* Judentum, einem aus der jüdischen Mystik gespeisten spirituellen Jerusalem, und laden sich dadurch semantisch mehrsinnig auf. «Jerusalem» gewinnt so einen enormen Zeit- und Bedeutungshof. Innerhalb eines Gedichts wie im ganzen Zyklus schließen sich eschatologische und erotische Konnotationen keineswegs aus, am deutlichsten vielleicht im Gedicht *Die Pole.*

Das Ereignis einer erfüllten Begegnung in dem Lande, das den Juden eine Heimstatt gegeben hatte, machte Celan, der im *Schneepart* (II, 333 ff.) verloren war, solchen *Schneetrost* (III, 105) möglich. Ilana Schmueli nennt die Jerusalem-Gedichte treffend «ein ganz eigenes, Celansches Hohelied»[243].

Allen möglichen religiösen und messianischen Mit-bedeutungen von «Jerusalem» und «Israel» zum Trotz sollte nie vergessen werden, daß es Celan um das Zionsland Israel – als Wirklichkeit gewordene Heimat aller Überlebenden des Judenmords – ging, das er schon vor der Reise als *Mandelnde* angesprochen hatte und an das er in der Schlußzeile dieses Gedichts die Bitte *Hachnissini* – «Nimm mich auf in dich» – richtete.[244] Sein *sag, daß Jerusalem i s t* (III, 105), seine *Posaunenstelle* (III, 104) mochten an diese oder jene ‹Stelle› aus dem Alten oder aus dem Neuen Testament anknüpfen oder an mehrere zugleich (worüber die Gelehrten streiten) – ein am Ende positives jüdisches Glaubensbekenntnis des Autors Celan läßt sich

Ilana Schmueli,
um 1968

daraus nicht ableiten. Die biblische Überlieferung war und blieb, nach der Shoah, «Leertext», freilich war es ein *glühender Leertext* (III, 104).

Die in Israel erfahrene Erfüllung, Celans zeitweise geradezu euphorische Stimmung konnte nicht anhalten. So schrieb er an seinem 49. Geburtstag (seinem letzten), dem 23. November 1969, aus Paris an Ilana Schmueli: *Ich fühle, ich weiß, daß die Kräfte, die ich in Jerusalem hatte, geschwunden sind [...] Bringst Du ein Wunder mit, bringt Dich ein Wunder mit?* [245] Ilana Schmueli kam in der Tat kurz vor Weihnachten nach Paris und war, mit Unterbrechungen, bis Anfang Februar 1970 viel mit Celan zusammen. Aber ein Wunder konnte auch sie nicht vollbringen.

«... ICH MUSS TÄGLICH IN MEINE ABGRÜNDE HINAB»

Ende 1969 / Frühjahr 1970   Celans Erwägungen, sich als deutschsprachiger Dichter in Israel niederzulassen, waren ebenso ernsthaft wie fern der Wirklichkeit. Vergleichbares gilt, seitenverkehrt, für Überlegungen des Autors, seinen Wohnsitz wenigstens zeitweilig in der Bundesrepublik Deutschland (oder in der deutschsprachigen Schweiz) zu nehmen. Darüber hatte er schon seit 1960 nachgedacht, im März 1970 tat er es noch einmal. Vermittelt von dem Freiburger Germanisten Gerhart Baumann, gab es ein vages Angebot des Romanisten Hugo Friedrich, Celan eine freiwerdende Lektorenstelle an der Universität zu übertragen. Doch auch aus diesem Plan wurde nichts, obwohl Freiburg, umgeben von den Schwarzwaldbergen, für Celan inzwischen die sympathischste deutsche Stadt geworden war. [246] Der Autor verharrte im kalten, aber gewohnten Paris. Hier hatten sich seit 1968 die Beziehungen zu einigen Autorenkollegen verstärkt, weil Celan Mitherausgeber der 1966 gegründeten Zeitschrift «L'Éphémère» geworden war. Die Zeitschrift wurde in diesen Jahren zum wichtigsten Ort, an dem französische Leser Texte Celans im Original und in Übersetzungen kennenlernen konnten. André du Bouchet, Yves Bonnefoy und Jacques Dupin, die Celan schon seit den fünfziger Jahren kannte, und Jüngere wie Jean Daive bemühten sich um Celans Werk wie um seine Mitarbeit und waren ihm verständnisvolle Freunde.

Dennoch verschärfte sich die Einsamkeit des Autors zumal seit der Trennung von der Familie im Herbst 1967 entschieden. Celan hatte von Ende 1962 bis Anfang 1969 insgesamt mehr als ein Jahr seines Lebens in psychiatrischen Anstalten verbracht; zählt man das «betreute Wohnen» in einer Pariser Klinik von Juni bis November 1967 dazu, dann sind es sogar mehr als eineinhalb Jahre. Im Februar 1970 schrieb er an Ilana Schmueli: *Die Ärzte haben da viel zu verantworten, jeder Tag ist eine Last, das was Du «meine eigene Gesundheit» nennst, kann es wohl nie geben, die Zerstörungen reichen bis in den Kern meiner Existenz [...] Man hat mich zerheilt!*[247]

Wie fragwürdig, aus der Sicht einer selbstkritisch gewordenen Psychiatrie, Paul Celan damals auch behandelt worden sein mag: Unstrittig ist, daß er zeitweise klinischer Behandlung und Betreuung bedurfte. Seiner Erkrankung eine medizinische Diagnose zu stellen, verbietet sich für den, der kein Arzt ist, überdies auch, weil die einschlägigen Dokumente nicht eingesehen werden können. Um so mißlicher ist es, daß von einigen Celan-Kommentatoren, ja sogar von Menschen, die ihm nahestanden, freigebig Etiketten ausgeteilt wurden, bis hin zu Begriffen wie endogene Psychose, Schizophrenie und – immer wieder – «Verfolgungswahn».[248] Es steht außer Frage, daß Celan seit dem Öffentlichwerden der Plagiatsanschuldigung im Jahre 1960 schweren Depressionen ausgeliefert war – und auch, daß er, forciert durch dieses öffentliche Geschehen, seine aus den Jahren vor 1945 stammenden Erfahrungsmuster von Bedrohung und Verlust zeitweise nicht mehr kompensieren konnte. Die damals erlittene tiefe Traumatisierung brach immer wieder auf in Augenblicken, die man heute emotionale Streßsituationen nennen würde. «Alles verletzt. Mensch und Ding kommen zudringlich nahe, die Erlebnisse treffen zu tief, die Erinnerung ist eine eiternde Wunde», heißt es hellsichtig bei Nietzsche.[249] So erschienen Celan die Momente von Diffamierung und Ignoranz gegenüber seiner Person und seinem Werk, die er völlig zutreffend wahrnahm, als die ganze Wirklichkeit, der er folglich nur noch mit tiefstem Mißtrauen, mit Abwehr und Rückzug auf sich selbst begegnen konnte.

Dabei handelte es sich teilweise um ins Geistige verschobene Reinszenierungen der alten traumatischen Situation des Ausgelöschtwerdens, so in der sogenannten Plagiatsaffäre, teilweise aber auch um von Celan selbst herbeigeführte, phantasierte Wiederholungen der alten Szene. Der Autor wußte selbst am besten, daß er sich damit in den Bereich des Wahnhaften begab. Zahllose Gedichte, nicht selten in sarkastischem Ton, zeugen davon. So spricht ein Gedicht vom 8. April 1967 von der *koppheistergegangenen Trauer* (II, 175), womit der eigentliche Grund des «Koppheistergehens» präzise benannt ist: die maßlose Trauer, die jeden Tag wieder auszuhalten mehr Kräfte verzehrte, als Celan aufzubieten hatte. Auch ein Gedicht vom 4. Juni 1967 ist unmißverständlich an das Autor-Ich adressiert: *Heddergemüt, ich kenn / deine wie Kleinfische wimmelnden / Messer, // härter als ich / lag keiner am Wind, / keinem wie mir / schlug die Hagelbö durch / das seeklar gemesserte / Hirn.* (II, 225) Seit dem Jahr 1963 nehmen die Gedichte immer häufiger – meistens in Form verfremdend abwandelnder Komposita – medizinische sowie körper- und krankheitsbezogene Termini in sich auf (z. B. *Schläfenzange, Nervenzellen, Hirnberg, Hirnstamm, Hirntransplantat, Hirnmantel, Hirnsichel, Schläfenlappen, Gehörgang, Sehpurpur, Sehstamm, Herzstamm, Aortenbogen, Kranzarterien*[250]) und manifestieren damit auch Celans Klinikerfahrungen. Vor allem ein Wort tritt in den Vordergrund: *Wahn*. Neben dem Grundwort begegnen ausschließlich in den Bänden seit *Atemwende* die Komposita *Wahnbrot, Wahndock, Wahnfahrt, wahnfeste, Wahngang, Wahngänger-Augen, Wahnsold, Wahnstiege, wahnwitzig-offen.*[251]

Wie früh und wie stark Paul Celan seine eigene psychische Gefährdung wahrnahm, zeigen seine einschlägigen Lektüren. Sie gehen über ein gängiges Interesse an Selbsterforschung und Seelenkunde weit hinaus. Der Autor hatte schon in den fünfziger Jahren, wenn auch nicht ohne Skepsis, Sigmund Freud und andere Autoren der Psychoanalyse zu lesen begonnen. Nach 1960 folgten Karl Jaspers' «Allgemeine Psychopathologie», Eugen Bleulers «Psychiatrie» sowie Ludwig Binswangers «Der Mensch in der Psychiatrie» und «Melancholie und Manie» (1960). Vor allem letzteres Buch hat Celan, so zeigen seine Anstreichungen, sehr gründlich im Blick auf sich selbst, aber auch auf die Freundin Nelly Sachs gelesen. So strich er Wörter wie «Verlust-Depression» und «Verluststil» an, wie auch den tiefsinnigen Halbsatz Binswangers, daß «der Melancholische den in der Zukunft vorausgesehenen Verlust, im Gegensatz zum Pessimisten, als bereits eingetreten weiß»[252].

Das Gedichtwerk aus den letzten Lebensjahren, versammelt in den Bänden *Lichtzwang*, *Schneepart* und *Zeitgehöft* (aus dem Nachlaß), ist ein erschütterndes Zeugnis des tief verletzten und gezeichneten Autor-Ichs Paul Celan und zugleich ein Dokument des Widerstands – des Widerstehens in der Sprache der Poesie, die freilich den *tausend Finsternissen todbringender Rede* (III, 186) immer schwerer abzuringen war.

Paul Celans Sprachskepsis hatte früh eingesetzt. Ein erstes Signal seiner Skrupel, bezogen auf die Muttersprache, vielleicht auch schon auf das traditionelle Dichten (in Reimen), war die Frage an die ermordete Mutter in *Nähe der Gräber*: *Und duldest du, Mutter, wie einst, ach, daheim, / den leisen, den deutschen, den schmerzlichen Reim?* (III, 20) Im Wiener Halbjahr 1948 stellte Celan im Jené-Aufsatz in Frage, ob man je wieder *die Dinge bei ihrem richtigen Namen* nennen könne, und sprach von der *Asche ausgebrannter Sinngebung* (III, 156 f.). Das Erlebnis einer Welt sinnhafter Entsprechungen in der Tradition Goethes war für Celan unmöglich geworden. *Ein Wort – du weißt: / eine Leiche*, heißt es in *Nächtlich geschürzt* (I, 125). Franz Kafka, der Celan über die Jahrzehnte zum Maßstab schlechthin geworden war, hatte bereits festgestellt: «Die Sprache kann für alles außerhalb der sinnlichen Welt nur andeutungsweise, aber niemals auch nur annähernd vergleichsweise gebraucht werden, da sie, entsprechend der sinnlichen Welt, nur von Besitz und seinen Beziehungen handelt.»[253] Für Celan hatte sich dieser Befund noch einmal verschärft. Nach der Shoah zu schreiben, hieß grundsätzlich, auf ein «vergleichsweises», sprich: metaphorisches Schreiben zu verzichten, denn das Geschehene war unvergleichlich. Schon *Der Meridian* hatte keine andere Möglichkeit gesehen, als *alle Tropen und Metaphern ad absurdum* (III, 199) zu führen. In den letzten Gedichtbänden häufen sich nun die zumeist polemischen oder sarkastischen Absagen ans metaphorische Schreiben, an das *Metapherngestöber* als Gegensatz der *Wahrheit* (II, 89). *Wirf deine Tropen / zum Rest*, heißt es in einem *Schneepart*-Gedicht, und im darauffolgenden: *die Zeichen zuschanden- / gedeutet, // verkohlt, gefault, gewässert* (II, 363 f.). Immer noch aber schrieb Celan Gedichte. Er verstummte keineswegs, wie oft behauptet wird. In seinen letzten Lebensjahren zerbrach er die von Auschwitz falsifizierte symbolische Ordnung in immer neuen Gedichten zu *Sperrtonnensprache, Sperrtonnenlied* (II, 314). Nur wiederholte, intensive Lektüre kann zeigen, wie sich diese Intention des Autors im einzelnen Gedicht je sprachlich realisiert.

Fast durchweg gilt, daß Celan das dem gewohnten hierarchischen Wahrnehmen und Denken entgegengesetzte parataktische Sprechen wie auch die syntaktische Inversion immer weitertreibt und damit die Erwartungen sinnhafter, quasi natürlicher Rede desavouiert.[254] Im Umgang mit den Wörtern verfolgt Celan zwei Strategien zugleich: die der *Wortaufschüttung* (II, 29) – einer immer größeren sprachlichen Komplexität vermittels Wortballung einerseits – und die des «Wortzerfalls»[255], einer immer radikaleren Fragmentierung und Reduktion der Wörter und Verse andererseits. Es bleibt die Hoffnung des Autors, daß dieses sogenannte «Hermetische», das aus einem solchen Prozeß des Arbeitens in der Sprache hervorgeht, geduldig nachvollzogen und in seiner Intention verstanden werde, was gerade nicht heißen dürfte, ihm am Ende doch wieder einen «Sinn» unterzuschieben.

Ich habe in meinen Gedichten ein Äußerstes an menschlicher Erfahrung in dieser unserer Zeit eingebracht. So paradox das auch klingen mag: gerade das hält mich auch, schrieb Celan drei Monate vor seinem Tod an den Freund Gustl Chomed in Czernowitz.[256] Die existentiell gegründete, radikale poetische Arbeit: In der

Tat war es auch das, was den Autor noch im Leben hielt, über immer wiederkehrende Phasen unendlicher Schwermut und Verzweiflung hinweg. *Ich habe nicht unbeträchtliche Schwierigkeiten mit mir, lieber Franz, tagauf, tagab*, schrieb Celan im Juni 1969 an Franz Wurm in Prag.[257] Die Israel-Reise war ein großes, zeitweise erhebendes Ereignis – um so ernüchternder war das Weiterleben, nachdem auch diese hoffnungsvolle Erwartung gleichsam aufgebraucht war. Auch die zögernde – *tropfenweise, hirntropfenweise*[258] – Übersiedlung in eine neue Wohnung im Pariser Westen, nahe der Seine-Brücke Pont Mirabeau, die er mit der Hilfe seiner Frau kaufte und im November bezog, änderte seine Verfassung nicht zum Besseren. Am 11. Dezember heißt es: *Es kommen kahle Zeilen heute, Franz: ich muß täglich in meine Abgründe hinab, ich lebe von heute auf morgen, von heute auf heute vielmehr.*[259]

Nach der endgültigen Abreise von Ilana Schmueli am 3. Februar 1970 brachte das Frühjahr noch einmal neue Unternehmungen und Pläne. Mit Yves Bonnefoy überlegte Celan, einen Ausflug nach Tours zu machen, wo er seit 1939 nie wieder gewesen war. Doch dazu kam es nicht. Ab Anfang März war Franz Wurm für zwei Wochen zu Besuch da. Als Wurm sich zu einer Verabredung mit Samuel Beckett traf und Celan vorschlug mitzukommen, lehnte dieser ab – später bedauerte er, eine Begegnung mit dem Iren, dem er sich geistesverwandt fühlte, ausgeschlagen zu haben.[260] In diesen Tagen sah er auch Peter Szondi zum letzten Mal, den Freund, der ihm eineinhalb Jahre später auf die gleiche Weise in den Tod nachfolgte. Am 20. März traf Celan in Stuttgart ein, wo er, gemeinsam mit André du Bouchet, anläßlich des 200. Geburtstags von Friedrich Hölderlin neue, unveröffentlichte Gedichte las. Mit du Bouchet und Bernhard Böschenstein reiste er von dort nach Tübingen, wo er ein letztes Mal den Hölderlinturm besuchte, und weiter nach Freiburg, schließlich nach Colmar, um Matthias Grünewalds Isenheimer Altar zu sehen. In Freiburg hatte Gerhart Baumann eine Lesung im kleinen Kreis arrangiert, zu der auch wieder Martin Heidegger kam.

Auf dieser letzten Reise seines Lebens machte der Autor

verstärkt Erfahrungen der Unachtsamkeit und Gleichgültigkeit gegenüber seiner Dichtung. Außerdem – diese Zeit ist jetzt erreicht – erlebte er die Zudringlichkeit des Mediums Fernsehen, mitten in seiner Stuttgarter Lesung. Daß es gerade Hölderlin-Gelehrte waren, die seinen Gedichten mit Ignoranz begegneten, mußte ihn tief kränken. Er verallgemeinerte dieses Erlebnis, indem er Freunden, die ihn auf der Reise begleiteten, mitteilte, er werde nun in ganz Deutschland keine Resonanz mehr finden. Vermutlich aber hat Celan vor allem die Festrede Martin Walsers über Hölderlin und seine Krankheit verstört. Hölderlin, so sagte Walser damals, «konnte nichts davon halten, aus einem brunnentiefen und ebenso festen Ich zu schöpfen. Er hatte keins. Doch, er hatte eins, aber nur soweit, als es ihm von außen versichert wurde. Er mußte sich in andern erfahren. Das muß jeder. Das Individuum ist eine glänzende europäische Sackgasse.»[261] Diese Sätze sollen Celan sehr erregt haben, und das leuchtet sofort ein. Auch er mußte sich immer wieder in anderen erfahren, Resonanz für sich und seine Gedichte spüren. Blieb sie aus, fühlte er sich leer und nichtig. Die Urszene für solche wiederkehrenden Erlebnisse der geistigen Annihilation wie jetzt in Stuttgart war die Leugnung seiner Dichterindividualität, die er in der Plagiatsaffäre erfuhr.

Über Paul Celans letzte Pariser Lebenswochen ist wenig bekannt. An der ENS hielt er weiter seine Lehrstunden ab, ein Seminar zu Erzählungen Kafkas[262], augenscheinlich auch eine Übersetzungsübung zu Günter Grass' «Die Blechtrommel». Sein Handexemplar (1959 vom Autor gewidmet) verzeichnet korrekt das wöchentliche Pensum, letztmalig für Mittwoch, den 15. April 1970.[263] Noch einmal hielt er sich in Edmond Lutrands Haus an der Loire auf. Telefonate, vielleicht Begegnungen gab es im Rahmen des Gewohnten: mit Gisèle, mit Eric und auch mit befreundeten Kollegen der Zeitschrift «L'Éphémère» wie Jean Daive und Jacques Dupin. Letzterer hatte Celan am 17. April angerufen, als er von einer Vernissage seines graphischen und poetischen Werks in einer Bonner Galerie nach Paris zurückgekehrt war. Im Katalog zu dieser Aus

Paul Celan in Paris, 1970

stellung war auch der Erstdruck von Celans Übersetzung von Dupins Gedichtzyklus «La nuit grandissante» unter dem Titel *Die Nacht größer und größer* erschienen. Bei diesem Anruf Dupins hatte Celan selbst geschwiegen, schließlich den Hörer aufgelegt. Dupin hielt es für möglich, daß der Bonner Druck Celan verstimmt haben könnte, oder sein Bericht über die Vernissage. So schrieb er ihm einen entschuldigenden Brief. Eine Reaktion Celans erfolgte nicht mehr, wie auch andere Briefe aus diesen Tagen vor dem 20. April fehlen. In der Nacht zum 20. April bemerkte Gisèle Celan-Lestrange das Verschwinden ihres Mannes. Erkundigungen bei verschiedenen Freunden blieben ergebnislos.[264] Am 1. Mai wurde Celans Leichnam bei Courbevoie, zehn Kilometer flußabwärts von Paris, aus der Seine geborgen. Edmond Lutrand identifizierte ihn. Am 12. Mai – dem Tag, an dem Nelly Sachs starb – wurde der Dichter auf dem kahlen Vorortfriedhof von Thiais, auf dem auch Joseph Roth begraben liegt, beigesetzt. Gisèle Celan-Lestrange wählte diesen Friedhof, weil hier im Oktober 1953 bereits der gemeinsame Sohn François bestattet worden war.

Es gibt für Celans Tod durch Ertrinken keine andere plausible Erklärung als Selbstmord. Wahrscheinlich ist, daß er in der Nacht vom 19. auf den 20. April 1970 am Pont Mirabeau in die Seine gegangen ist, von jener Brücke ganz in der Nähe seiner Wohnung in der Avenue Émile Zola, die Guillaume Apollinaire einst besungen und die er selbst im Gedicht *Und mit dem Buch aus Tarussa* genannt hatte (I, 288). Seine karge Wohnung mit den noch leeren Bücherregalen hatte er in geordnetem Zustand hinterlassen. Auf dem Schreibtisch lag Wilhelm Michels Hölderlin-Biographie, aufgeschlagen an der von Clemens von Brentano stammenden, von Celan angestrichenen Stelle «Manchmal wird dieser Genius dunkel und versinkt in den bitteren Brunnen seines Herzens.»[265] Ein Abschiedsbrief fand sich nicht.

Warum starb Paul Celan auf diese Weise? Und warum ging er gerade zu diesem Zeitpunkt in den Tod? Hierüber ist viel spekuliert worden, bis hin zu der Suggestion von Werner Fuld, daß die gerade erfolgte Erstveröffentlichung von Immanuel Weißglas' Gedicht «Er» von 1944 (in dem sich Motive der *Todesfuge* finden) in der Bukarester Zeitschrift «Neue Literatur» Celan veranlaßt habe, sich das Leben zu nehmen (das Februar-Heft 1970 befand sich in Celans Bibliothek).[266] Gewiß ist die Vermutung naheliegend, daß Celan angesichts dieser Publikation erneut von der Sorge erfaßt wurde, die alten Plagiatsanschuldigungen könnten sich in massiver Weise wiederholen. Dem wäre er, so wußte er, nicht gewachsen gewesen.

Und doch geht ein derartig einsinniger Erklärungsversuch von Celans Selbstmord in die Irre. Viel zu lange schon und viel zu intensiv war der Autor mit Todeserfahrungen, die Vorstellung seines eigenen Todes inbegriffen, umgegangen. Die Czernowitzer Freundin Ruth Lackner (Kraft) hat von der Faszination Celans durch den Freitod und einem Selbstmordversuch noch in Czernowitz berichtet[267], Edith Silbermann gar von Selbstmordversuchen[268]. Zahlreiche Gedichte antizipieren, im vorgestellten Tod anderer oder unmittelbar, den eigenen Tod. Selbst die Todesart des Ertrinkens ist vorweggenommen, so im Gedicht *Kenotaph* (I, 134) aus der Mitte der fünfziger Jahre. Immer wieder beschäftigte Celan der Ertrinkenstod der Bukarester Geliebten Lia Fingerhut, von dem das Gedicht *Aschenglorie* (II, 72) zeugt. Ein Gedicht, beginnend *Freigegeben auch dieser / Start*, spricht nahezu unverhüllt und sarkastisch von einem Versuch Celans im Frühsommer 1967, sich das Leben durch Aufschneiden der Pulsadern zu nehmen: *deine wachgerissene Vene / knotet sich aus* (II, 243). Und im immer wieder gelesenen Exemplar von Kafkas Erzählungen findet sich im hinteren Einband der Eintrag *Komme Tod, komm heut!*, wahrscheinlich während eines Klinikaufenthalts 1965 niedergeschrieben.[269]

> Die Heilung, die vom Schreiben ausging, genügte nicht, hat nicht genügt. Vergebliche Sprünge. Ständig im Saal der Schreie, eingezwängt in die Folterwerkzeuge. Ein Tintenhimmel, mehr und mehr. Jeder Tag schlägt schließlich zu.
> Er ist davongegangen. Wählen, das konnte er noch, wählen. Damit das Ende nicht so lang dauere. Stromabwärts, die schwerelose Leiche.
>
> Henri Michaux, Sur le chemin de la vie, Paul Celan, 1970

Schon sehr früh, von 1943 an, ist Celans Gedichten die Sehnsucht des Autor-Ichs eingeschrieben, sich mit der toten Mutter, mit allen unschuldig Gemordeten zu vereinigen. Viele seiner Gedichte imaginieren solche Vereinigung oder doch wenigstens eine Annäherung an sie. Gab es einen anderen Weg als den Freitod, um die Kluft zwischen den tatsächlichen Opfern und den Überlebenden zu schließen? – Diese nie erlöschende Sehnsucht verband sich spätestens seit Mitte der sechziger Jahre mit einem Versiegen der lebensbejahenden Kräfte, die schon lange, von kurzwährenden Ausnahmephasen wie der in Israel abgesehen, nur noch ein Leben *von heute auf heute*[270] zuließen. Vermutlich sah Celan sich auch immer, antizipierend, in einem Kontext mit all jenen geliebten und verehrten Menschen, die ungefähr im gleichen Alter wie er, nämlich mit Ende Vierzig, aus dem Leben geschieden waren: Marina Zwetajewa, Sergej Jessenin (schon mit vierzig) und Walter Benjamin, die sich selbst den Tod gegeben hatten, und Ermordete wie die Eltern und Ossip Mandelstam. Auch die Selbstmorde anderer von den Nazis Verfolgter – Ernst Toller, Walter Hasenclever, Ernst Weiß, Stefan Zweig, Klaus Mann – sind ihm wohl immer präsent gewesen. Schließlich kann man kaum umhin, sich bei dem wahrscheinlichen Datum von Celans Selbstmord, dem 20. April, an den Geburtstag dessen zu erinnern, der sein und aller europäischen Juden entscheidender Gegenspieler und Zerstörer war. Ist nicht dieser Selbstmord überhaupt, im Sinne von Albert Camus und Luigi Nono, als ein «Mord der Gesellschaft» – und zwar einer ganz bestimmten – zu begreifen?[271]

Adorno hat in der «Negativen Dialektik» gefragt, «ob nach Auschwitz sich noch leben lasse, ob vollends es dürfe, wer zufällig entrann und rechtens [!] hätte umgebracht werden müssen. Sein Weiterleben bedarf schon der Kälte, des Grundprinzips der bürgerlichen Subjektivität, ohne das Auschwitz nicht möglich gewesen wäre: drastische Schuld des Verschonten.»[272] Paul Celan ermangelte dieser überlebensnotwendigen Kälte. Dieser Mangel verband sich mit dem Blick, den Peter Szondi an Büchners Danton diagnostizierte: «Diesen Blick, der

das Leben nicht mehr versteht, weil er es verstanden hat.» [273]
Beides zusammen war tödlich. Schon vom 23. Januar 1968
stammt die Bilanz:

> *Die nachzustotternde Welt,*
> *bei der ich zu Gast*
> *gewesen sein werde, ein Name,*
> *herabgeschwitzt von der Mauer,*
> *an der eine Wunde hochleckt.* (II, 349)

Im darstellenden Text wird Paul Celan nach der Ausgabe der Gesammelten Werke in fünf Bänden von 1983 zitiert (Band- und Seitenzahl, z. B. II, 38). Die meisten anderen Belege beziehen sich auf die vollständigen Literaturangaben in der nachstehenden Bibliographie, hier verkürzt auf Autorname und Erscheinungsjahr.

1 Huppert (1988), S. 319
2 Vgl. «Ich höre, die Axt hat geblüht» (GW II, S. 342) und Lütz (1996)
3 Jean Paul: Werke 3. München 1961, S. 875
4 Vgl. auch «Tübingen, Jänner» (GW I, S. 226) und «Eingejännert» (GW II, S. 351)
5 Sigrid Weigel: «Sie sagten sich Helles und Dunkles». Ingeborg Bachmanns literarischer Dialog mit Paul Celan. In: Text + Kritik. Heft 6/1995, S. 123
6 Reinfrank (1971), S. 73
7 Chalfen (1979), S. 7
8 Bachmann: Wir müssen wahre Sätze finden. Gespräche und Interviews. München/Zürich 1983, S. 69
9 Historisch-Kritische Ausgabe 7.2, S. 189
10 Luxemburg: Ges. Briefe (= Werke 5). Berlin 1984, S. 349 f.
11 Chalfen, S. 150 f.
12 Vgl. Celans Brief vom 23. 11. 1967 in: Solomon (1982), S. 30; Solomon in: Buhr/Reuß (1991), S. 221 f., sowie Sparr (1989), S. 114 – 117
13 Brief vom 23. 11. 1967
14 Vgl. «In eins» (GW I, S. 270)
15 Weimarer Ausgabe. Abtlg. I. Bd. 42.2, S. 107
16 Brief vom 23. 6. 1962 in: Einhorn (1998), S. 31
17 Ausländer: Ges. Gedichte. Köln 1977, S. 353 (vgl. hier S. 57)
18 Ebd.
19 Dor in: Meinecke (1970), S. 281
20 Huppert (1988), S. 322
21 Brief vom 12. 9. 1962 in: Margul-Sperber (1975), S. 59
22 Zit. nach Silbermann (1993), S. 27
23 Vgl. Corbea: Sprach- und Raumgrenzen als Komponenten der kulturellen Produktivität. In: Corbea/Astner (1990), S. 7 – 17
24 Vgl. K. E. Franzos: Aus Halb-Asien. Culturbilder aus Galizien, der Bukowina, Südrußland und Rumänien. 2 Bde. Leipzig 1876
25 Ausländer (1991), S. 9 f.
26 Grundlegend zu Kindheit und Jugend: Chalfen (1979); Silbermann (1993), S. 41 – 70
27 Emma Lustig, geb. Nagel. Zit. nach Chalfen, S. 36
28 Chalfen, S. 34
29 Gespräch mit M. Fischmann-Kahwe in Rehovoth/Israel am 11. 3. 1995
30 So Chalfen, S. 49
31 Vgl. P. Rychlo: Neue Angaben zu Celans Gymnasialjahren. In: Corbea/Astner (1990), S. 205 – 210
32 Vgl. Wiedemann-Wolf (1985), S. 20 – 23. Die Autorin erwägt für einige Gedichte bereits 1937 als Entstehungsjahr.
33 Vgl. Chalfen, S. 61 und passim
34 Ebd. S. 56
35 Chalfen, S. 77
36 Vgl. auch GW II, S. 335
37 So auch die Tochter Marina Dmitrieva-Einhorn (Gespräch am 5. 7. 1998)
38 So Chalfen (S. 98 – 134), der mit Ruth Lackner (Kraft) sechs Gespräche geführt und korrespondiert hat. Ruth Lackner (Kraft) starb im März 1998. «Kraft» war ihr Geburtsname, «Lackner» der Name der Mutter, den R. Lackner (Kraft) nach zwei geschiedenen Ehen annahm resp. bevorzugte.

39 Chalfen, S. 106; Frühwerk, S. 107
40 Frankfurter Allgemeine Zeitung vom 12. 7. 1991
41 Wiedemann-Wolf, S. 50
42 Ebd. S. 72
42a Vgl. Buck (1993)
43 Zit. nach Hugo Gold (Hg.): Geschichte der Juden in der Bukowina. Tel Aviv 1962. Bd. 2, S. 71
44 Chalfen, S. 121
45 Silbermann, S. 63
46 Zit. nach Celan: Gedichte 1938–1944, S. 5
47 Ebd. S. 6
48 Vgl. «Schwarze Flocken», Frühwerk, S. 129
49 So Silbermann, S. 64 f.; abweichend Chalfen, S. 122–127, und Celan selbst im nachstehend zitierten Brief an Einhorn
50 Zit. nach Einhorn (1998), S. 23 f. Laut Chalfen, S. 137, habe Antschel es entschieden abgelehnt, diese Dienstreise in die Sowjetunion zu unternehmen. Der Brief beweist, daß sie doch stattfand.
51 So Chalfen, der pointiert, Weißglas habe «seine alte Mutter [...] retten» können (S. 138). Vgl. auch den Bericht des Vaters Isak Weißglas: Steinbruch am Bug. Bericht einer Deportation nach Transnistrien. Berlin 1995
52 Celan hat selbst 1945 als Entstehungsjahr genannt. Barash (1985), S. 101, und Kittner in: Martin (1982), S. 218, nennen das Jahr 1944.
53 Wiedemann-Wolf, S. 77
54 Zit. nach Solomon (1980), S. 56
55 Zit. nach Wiedemann-Wolf, S. 85
56 Klaus Wagenbach war der erste, der 1968 hierfür Belege präsentierte; ähnlich Janz (1976), S. 216; weiterführend Wiedemann-Wolf, S. 77–90
57 Erstdruck in: Neue Literatur [Bukarest] 21 (1970), Heft 2, S. 34. 1947 waren in Bukarest Weißglas' Lagergedichte «Kariera am Bug» ohne das Gedicht «Er» erschienen.

58 Vgl. Rychlo, in: Corbea / Astner (1990), S. 207 f.
59 Vgl. Silbermann, S. 23; Chalfen, S. 72 f. und S. 138; Kittner in: Martin (1982), S. 217 f.; Wiedemann-Wolf, S. 81 f.
60 Wiedemann-Wolf, S. 265
61 Fremde Nähe, S. 55
62 Margul-Sperber: Gleichnisse der Landschaft. Storojinetz 1934, S. 5
63 Frühwerk, S. 134
64 Solomon in seinem Nachruf auf Margul-Sperber: Neue Literatur 6 (1973), S. 4
65 Cassian in: Martin (1982), S. 211
66 Crochmălniceanu in: Martin (1982), S. 213
67 Banuş in: Martin (1982), S. 207
68 Aderca in: Martin (1982), S. 206
69 GW II, S. 72; Celans Brief vom 23. 10. 1967 in: Solomon (1982), S. 30
70 Solomon (1990), S. 49
71 Solomon (1980), S. 51 und 53
72 Ebd. S. 54
73 Vgl. Martin (1982), S. 286
74 Solomon (1980), S. 60
75 Ebd. S. 62
76 Brief vom 12. 9. 1962 in: Solomon (1980), S. 59
77 Ebd. S. 55
78 Wiedemann-Wolf, S. 91
79 Vgl. Celans rumänische Texte in: Frühwerk
80 Vgl. Stiehler (1972), S. 18
81 So die am häufigsten überlieferte Version. Nach Chalfen (S. 174 f.) berichtete Jakob Silbermann, der spätere Ehemann von Edith Horowitz, er und Ancel hätten noch in Czernowitz gemeinsam den Dichternamen «Celan» gefunden. M. Fischmann-Kahwe nennt Hersch Segal als Erfinder des Pseudonyms (Gespräch vom 11. 3. 95).
82 Vgl. Reichert (1988), S. 165, sowie die Gedichtstellen GW I, S. 242; GW II, S. 121; vor allem: Die Gedichte aus dem Nachlass (1997), S. 167
83 Vgl. Gellhaus (1993a), S. 45
84 Brief vom 11. 2. 1948 in: Margul-Sperber (1975), S. 50

85 Thomas Albrich: Exodus durch Österreich. Die jüdischen Flüchtlinge 1945–1948. Innsbruck 1987, S. 153

86 Vgl. Internationale Zone [1953]. Wien/Berlin 1984, S. 72 und passim

87 Albrich (wie Anm. 85), S. 180

88 Zit. nach Basil (1971), S. 102

89 Margul-Sperber (1975), S. 50

90 Ebd.

91 Vgl. Alfred Gong: Early Poems. A Selection from the Years 1941–1945. Hg. v. Jerry Glenn u. a. Columbia/S. C. (mit Korrekturvorschlägen Celans zu diesen Gedichten), insbes. S. 13–24

92 Vgl. Einhorn (1998), insbes. die Einleitung, S. 11

93 Vgl. Dor (1988)

94 Ebd. S. 209

95 Vgl. Lütz (1996). Einer Version zufolge traf Celan Bachmann zuerst in Jenés Atelier, nach einer anderen im Internationalen Arbeitsamt.

96 Vgl. Unvollendete Symphonie [1951]. Graz/Wien/Köln 1992, S. 175 ff. Kürzlich sind über 70 Briefe Bachmanns an Weigel aus den Jahren 1948–53 aufgetaucht, in denen Celan offenbar auch eine Rolle spielt. Vgl. Die Presse (Wien) vom 14. 8. 1998.

97 Christine Koschel: «‹Malina› ist eine einzige Anspielung auf Gedichte.» In: Böschenstein/Weigel (1997), S. 19

98 Vgl. Bachmann: Werke 2. München/Zürich 1978, S. 415 f.

99 Vgl. Koschel (wie Anm. 97), S. 17 und 22. «Sie kämmt ihr Haar» ist mit «u.f.D.» gewidmet.

100 Vgl. Bevilacqua (1998)

101 Bachmann (wie Anm. 8), S. 153

102 Bachmann: Werke 3. München/Zürich 1978, S. 68 f.

103 Ebd. S. 195

104 Bachmann selbst: «‹Malina› ist eine einzige Anspielung auf Gedichte.» (vgl. Koschel, wie Anm. 97, S. 17); dazu seit 1981 zahlreiche Nachweise

105 Rosenthal (1983), S. 403

106 Zit. nach Allemann (1993), S. 287

107 Vgl. Silbermann (1993), S. 42

108 Zit. nach Allemann (1993), S. 287

109 Stimmen der Gegenwart. Wien 1951, S. 168

110 Fremde Nähe, S. 245

111 Menschheitsdämmerung. Berlin ²1920, S. 292

112 Fremde Nähe, S. 172

113 Traumkraut. Wiesbaden/München 1982, S. 7

114 Vgl. Fried: Ges. Werke. Bd. 1. Berlin 1993, S. 107 f., und passim

115 Bonnefoy (1998), S. 260 f.

116 Vgl. Kloos (1993)

117 Zit. nach Die Presse (Wien) vom 14. 8. 1998

118 Brief vom 18. 7. 1957 an Solomon (1981), S. 61

119 Richter (1997), S. 106

120 Zit. nach H. A. Neunzig (Hg.): Der Ruf. München 1976, S. 24

121 Schroers: «Gruppe 47» und die deutsche Nachkriegsliteratur. In: Merkur 19 (1965), S. 453

122 Lenz, in: Hamacher (1988), S. 316

123 Zit. nach Richter (1997), S. 128. Celan zitiert diesen Vorgang auch selbst in einem Brief an K. Demus. Vgl. Bevilacqua (1998), S. XXXVII f.

124 Vgl. Dor (1988), S. 214

125 Ebd. S. 212. Celan wurde noch 1954, 1957, 1959, 1960 und 1962 zu Treffen der Gruppe 47 eingeladen, aber er kam nie mehr.

126 Rilke: Werke. Bd. III. Leipzig 1978, S. 621

127 Vgl. Bevilacqua (1998), S. XL–XLIII

128 Welt und Wort 8 (1953), S. 200 f.

129 Frankfurter Allgemeine Zeitung vom 25. 4. 1953

130 Merkur 8 (1954), S. 390

131 Die Zeit vom 30. 4. 1965

132 Firges (1962), S. 266

133 Zit. nach Hamacher (1988), S. 320

134 Vgl. z. B. Celans Briefe an Margul-Sperber vom 21. 4. und 6. 7. 1948, die belegen, daß er «schöne» Gedichte schreiben und sie auch «schön» vortragen wollte. In: Margul-Sperber (1975), S. 51 f.

135 Bachmann: Werke 4. München / Zürich 1978, S. 216

136 Großer Brockhaus. Zit. nach Szondi (1972), S. 55

137 Brief vom 10. 8. 1962 in: Einhorn (1998), S. 33

138 Mayer (1970), S. 1158

139 Brief vom 10. 8. 1962 in: Einhorn (1998), S. 33

140 So Schwerin (1997), S. 199

141 Vgl. Dürrenmatt (1990)

142 Grass (1990), S. 29 f.

143 Schwerin (1997), S. 203

144 Peyer (1987)

145 Vgl. Ausländer (1991), S. 25 f.

146 Landauer: Zwang und Befreiung. Köln 1968, S. 199

147 Brief an Gideon Kraft vom 23. 4. 1968. Zit. nach Koelle (1997), S. 73

148 Briefe an Margul-Sperber (1975), S. 52 f.

149 Silbermann (1993), S. 35

150 Buck (1993), S. 159

151 Vgl. Norbert Frei: Vergangenheitspolitik. Die Anfänge der Bundesrepublik und die NS-Vergangenheit. München 1996

152 Vgl. Ulrich Herbert: Als die Nazis wieder gesellschaftsfähig wurden. In: Die Zeit vom 10. 1. 1997

153 In: Eckart 16 (1940), April-Heft, S. 104

154 Der Tagesspiegel vom 11. 10. 1959

155 Gedd. Nachlass, S. 46

156 Vgl. Fremde Nähe, S. 231

157 Vgl. Emmerich (1988), S. 12–15 und S. 69–75

158 Zit. nach Koelle (1997), S. 66 f.

159 Rosenzweig (1919) zit. nach Koelle (1997), S. 69

160 Die Niemandsrose. Tübinger Ausgabe, S. 74

161 Mandelstam: Im Luftgrab.

Frankfurt a. M. 1992, S. 75

162 Vgl. Brief vom 4. 12. 1958 an Harald Hartung. In: Fremde Nähe, S. 328

163 Ebd. S. 69–81. Vgl. außerdem Victor Terras / Karl S. Weimar: Mandelstamm and Celan: A Postscript. In Germano-Slavica 1978, Nr. 5, S. 352–370, Olschner (1985), Ivanonić (1996 a und 1996 b) und Fremde Nähe, S. 337 ff.

164 Brief vom 10. 2. 1961 an Hans Bender (1984), S. 54

165 Celan: Notiz. In: Mandelstamm: Gedichte. Frankfurt 1959, S. 65

166 Gedd. Nachlaß, S. 371

167 Vgl. Fremde Nähe, S. 287 f.

168 Brief an Peter Schifferli vom 1. 4. 1954. Zit. nach Fremde Nähe, S. 399

169 Vgl. ebd. S. 389–391

170 Brief an Emmanuel Raïs vom 29. 1. 1959. Zit. nach Terras / Weimar (wie Anm. 163), S. 362

171 Brief vom 23. 2. 1962 an Federmann (1972), S. 18. Vgl. auch das Motto von «Eine Gauner- und Ganovenweise» in früheren Fassungen. In: Die Niemandsrose. Tübinger Ausgabe, S. 42 f.

172 Vgl. Einhorn (1998), S. 31. Eine erste Fassung von «In eins» unter dem Titel «Walliser Elegie» enthält noch bzw. wiederum den Namen «Einhorn» (vgl. Die Niemandsrose. Tübinger Ausgabe, S. 106 f.).

173 Eine Kopie des Typoskripts befindet sich im Deutschen Literaturarchiv Marbach im Nachlaß von Andersch (Nr. 798.5322 / 11). Zu Celans geänderter Meinung über Andersch: Briefwechsel mit Sachs (1993), S. 120 f.

174 Döpke (1994), S. 38

175 Döhl in: Dt. Akademie für Sprache und Dichtung. Jahrbuch 1960, S. 131

176 Vgl. Brief vom 7. 3. 1962 an Federmann (1972), S. 21

177 Keiner der noch Lebenden aus

dem Umkreis des «Monat» kann (oder will) den Namen des wirklichen Autors dieses Textes nennen. Aus dem Archiv des «Monat» an der Northwestern University, Evanston / Illinois (USA), geht nur hervor, daß der Text von «Richard [!] Phelan» über die William Morris Agentur in New York bei der Redaktion eingereicht wurde, also wohl tatsächlich aus den USA kam.

178 Brief vom 25. 4. 1962 an Solomon (1981), S. 76

179 Margul-Sperber (1975), S. 57

180 Ebd.

181 Brief vom 9. 3. 1962 an Margul-Sperber (1975), S. 58

182 Vgl. Jokostra (1971)

183 Brief vom 12. 9. 1962 an Margul-Sperber (1975), S. 59. Vgl. Bobrowskis Gedicht «Pruzzische Elegie»

184 Die Niemandsrose. Tübinger Ausgabe, S. 120. Vgl. Birus (1996)

185 Celan – Sachs. Briefwechsel (1993), S. 25

186 Vgl. Bollack (1994), S. 126

187 Vgl. Briefwechsel (1993), S. 52–62, sowie «Die Schleuse». GW I, S. 222. Der letzte Hinweis nach einer brieflichen Mitteilung von Eric Celan vom 6. 12. 1998, entsprechend Aufzeichnungen Paul Celans vom 2. bis 6. 9. 1960.

188 Vgl. Lyon (1989), S. 195

189 Vgl. Briefwechsel mit G. B. Fischer (1990), S. 652–654

190 Zit. nach Offerte des Antiquariats «Die Silbergäule». Hannover 1996

191 Brief vom 18. 7. 1957 an Solomon (1981), S. 73

192 Brief vom 5. 9. 1962 an Solomon (1981), S. 76, 78, 80

193 Vgl. Die Zeit vom 18. und 25. 1. 1963

194 Vgl. Torberg: Ges. Werke XII. München / Wien 1981, S. 79–82

195 Frankfurter Allgemeine Zeitung vom 2. 5. 1964

196 Frankfurter Allgemeine Zeitung vom 25. 6. 1964. Vgl. auch Szondi (1993), S. 162–168

197 Vgl. Gedd. Nachlass, S. 96 und 392–395, sowie Bollack (1993)

198 Vgl. Reinhard Baumgart: Unmenschlichkeit beschreiben: Weltkrieg und Faschismus in der Literatur. In: Merkur 19 (1965), S. 37–50; hier S. 49. Vgl. auch Celans ironische Replik in R. Neumann (1966), S. 32 f.

199 Gedd. Nachlass, S. 104

200 Vgl. Briefwechsel mit G. B. Fischer (1990), S. 658 f.; Szász (1988), S. 329 f.; Baumann (1986), S. 43 f.

201 «Gedichte». In: Benn: Ges. Werke 3. Wiesbaden 1960, S. 196

202 Kulturkritik und Gesellschaft. In: Prismen. Frankfurt a. M. 1955, S. 31

203 Zit. nach Gellhaus (1995), S. 55

204 Böschenstein (1988), S. 259

205 Vgl. dazu Gellhaus (1993 a), S. 58 ff.

206 Zit. nach Christoph Graf Schwerin: «In die Rillen der Himmelsmünze das Wort gepreßt». In: Die Welt vom 20. 3. 1990

207 Vgl. Solomon (1982)

208 Baumann (1986), S. 88

209 Die Angabe von Baumann (1986), S. 90, Lutrand sei im Sechs-Tage-Krieg im Juni 1967 als freiwilliger Lastwagenfahrer zum Einsatz gekommen, ist unrichtig.

210 Georg Steiner: Heidegger, abermals: In: Merkur 43 (1989), Nr. 480, S. 94

211 Löwith: Mein Leben in Deutschland vor und nach 1933. Frankfurt a. M. 1989, S. 30

212 Vgl. Steiner (wie Anm. 210), S. 95 und 101

213 Vgl. zu alldem Baumann (1986). Zwei Tage nach Celan, am 26. 7., hielt Hannah Arendt an gleicher Stelle einen Vortrag über Walter Benjamin und sah bei der Gelegenheit erstmals seit fünfzehn Jahren Heidegger wieder.

214 Zit. nach Krass (1997)

215 Steiner (wie Anm. 210), S. 100
216 Vgl. vor allem Bollack (1998) und Krass (1997, 1998)
217 Vgl. Bollack (1994, 1998)
218 Vgl. u. a. Szász (1988)
219 Zit. nach Krass (1998)
220 Zit. ebd.
221 Szondi (1972), S. 134 und S. 113–125
222 Vgl. ebd. S. 123
223 Vgl. Lämmert (1994), S. 27–29, und «Eis, Eden». In: GW I, S. 224
224 Briefwechsel mit Wurm (1995), S. 114
225 Ebd. S. 124
226 Solomon (1990), S. 58
227 Mandelstam: Im Luftgrab. Frankfurt a. M. 1992, S. 75
228 Brief vom 8. 3. 1962 an Solomon (1981), S. 65
229 Brief vom 8. 2. 1962 an Margul-Sperber (1975), S. 56
230 Brief vom 12. 5. 1968 an Wurm (1995), S. 149
231 Gespräch mit Stéphane Mosès am 6. 3. 1995 in Jerusalem
232 Vgl. «Mapesbury Road» vom 14./15. 4. 1968; GW II, S. 365
233 Brief vom «keinsten Mai 1968» an Wurm (1995), S. 146 f.
234 Brief vom 27. 8. 1968. Ebd. S. 166
235 Brief vom 20. 6. 1969. Ebd. S. 198
236 Vgl. Historisch-Kritische Ausgabe 8.2, S. 246 f.
237 Brief vom 23. 10. 1969 an Schmueli (1994), S. 19
238 Die Stimme (1970), S. 7
239 Brief vom 20. 10. 1969 an Wurm (1995), S. 220
240 Schmueli, S. 17
241 Ebd. S. 18
242 Ebd. S. 15 f. und 18
243 Ebd. S. 32
244 GW III, S. 95 (im Original kursiv)
245 Ebd.
246 Vgl. Baumann (1986), S. 125
247 Zit. nach Felstiner (1997), S. 421
248 Eine Ausnahme: Bevilacqua (1998), S. XCI/CIII
249 Ecce homo. Zit. nach Krit. Studienausgabe 6. Berlin 1988, S. 272
250 Vgl. den Wortindex von Nielsen/Pors (1981), der freilich «Die Gedichte aus dem Nachlass» (1997) noch nicht umfaßt, und Lyon (1987)
251 Nielsen/Pors (1981), S. 261, und Lyon (1987), S. 605
252 Vgl. das Exemplar aus Celans Arbeitsbibliothek (Dt. Literaturarchiv Marbach), S. 43 und 47 f.
253 Hochzeitsvorbereitungen auf dem Lande. Frankfurt a. M. 1983, S. 68
254 Weiterführend Reichert (1988) und Sparr (1989)
255 Vgl. P. H. Neumann (1990)
256 Zit. nach Silbermann (1993), S. 37
257 Brief vom 20. 6. 1969 an Wurm (1995), S. 199
258 Brief vom 21. 7. 1969 an Wurm, S. 204
259 Ebd. S. 231
260 Vgl. Wurm (1990)
261 Walser: Hölderlin zu entsprechen. In: Die Zeit vom 27. 3. 1970; vgl. dazu P. H. Neumann (1970), S. 307 f.
262 So Felstiner, S. 359
263 Vgl. Celans Arbeitsbibliothek im Dt. Literaturarchiv Marbach
264 Vgl. Fremde Nähe, S. 571–574 und 578–584
265 Vgl. Schwerin (1981), S. 81
266 Focus Nr. 19 (1997), S. 136
267 Vgl. Chalfen, S. 109, und «Erau nopți» in: Frühwerk, S. 196
268 Silbermann (1993), S. 69
269 Zit. nach Felstiner, S. 296
270 Brief vom 11. 12. 1969 an Wurm (1995), S. 231
271 Zit. nach Fremde Nähe, S. 480
272 Ausgabe Frankfurt a. M. 1966, S. 353 f.
273 Schriften I. Frankfurt a. M. 1978, S. 259. Zit. bei Sparr (1989), S. 154

1920   Paul (Pessach) Antschel am 23. November 1920 als einziges Kind von Friederike (Fritzi) Antschel, geb. Schrager, und Leo Antschel-Teitler, beide «mosaischen Glaubens», in Czernowitz, Bukowina, geboren

1920–35   Wohnung in der Wassilkogasse 5

1926–27   Deutsche Volksschule

1927–30   Hebräische Volksschule. Unterrichtssprache Hebräisch

1930–35   Rumänisches Staatsgymnasium. Unterrichtssprache Rumänisch

1935–38   Ukrainisches Staatsgymnasium. Unterrichtssprache Rumänisch

1934   Bar-Mizwa. – Mitarbeit in einer kommunistischen Jugendorganisation

1935   Umzug in die Masarykgasse 10

seit 1937/38   Erste erhaltene Gedichte

Juni 1938   Baccalaureat (d. i. Abitur)

9./10. November 1938   Bahnreise über Krakau und Berlin nach Paris. Anschließend Medizinstudium in Tours

Juli 1939   Rückkehr nach Czernowitz

September 1939   Romanistik-Studium an der Universität Czernowitz

20. Juni 1940   Einzug der Roten Armee in Czernowitz

Sommer 1940   Beginn der Freundschaft mit Ruth Lackner (Kraft)

September 1940   Romanistik- und Russisch-Studium in Czernowitz

5./6. Juli 1941   Einzug rumänischer Truppen, kurz danach der SS-Einsatzgruppe D in Czernowitz. Bis Ende August werden über 3000 Juden ermordet

11. Oktober 1941   Errichtung des Czernowitzer Ghettos. Erste Deportationen nach Transnistrien. Paul Antschel zur Zwangsarbeit in der Stadt eingesetzt

ab Juni 1942   Zweite Deportationswelle. Paul Antschels Eltern werden abgeholt

Juli 1942   Zwangsarbeit im Straßenbau in Tabăresti, südliche Moldau

Herbst/Winter 1942   Tod des Vaters, bald darauf der Mutter im KZ Michailowka östlich des Bug

Februar 1944   Entlassung Paul Antschels aus dem rumänischen Arbeitsdienst. Rückkehr nach Czernowitz. Wiedersehen mit Ruth Lackner (Kraft)

April 1944   Zweiter Einzug der Roten Armee in Czernowitz. Antschel wird Arzthelfer in der Psychiatrischen Klinik. Dienstreise nach Kiew. Wiedereinzug in die elterliche Wohnung Masarykgasse 10

Herbst 1944   Anglistik-Studium in Czernowitz. Zwei Gedichtsammlungen entstehen

April 1945   Weggang nach Bukarest. Besuch bei Alfred Margul-Sperber

ab Juni 1945   Wohnadresse Strada Roma 47

Herbst 1945   Lektor und Übersetzer beim Verlag «Cartea Rusă»

Herbst 1946   Beginn der Freundschaft mit Petre Solomon

2. Mai 1947   Veröffentlichung der *Todesfuge* in rumänischer Übersetzung (*Tangoul morţii*) unter dem Pseudonym «Paul Celan»

Mitte Dezember 1947   Flucht über Budapest nach Wien. Zunächst im Flüchtlingslager, dann Severingasse 3, später Rathausstr. 20 (Pension Pohl)

Januar 1948   Begegnung mit Ingeborg Bachmann. Später Liebesbeziehung zu ihr

Februar 1948   Siebzehn Gedichte in der Wiener Zeitschrift «Plan»

Juni 1948 Beginn der Freundschaft mit Klaus Demus
Juli 1948 Übersiedlung nach Paris. Bis 1953 im Hôtel d'Orléans (später Hôtel de Sully), 31, Rue des Écoles (5e), Nähe Sorbonne
August 1948 *Edgar Jené. Der Traum vom Traume* erscheint
September 1948 *Der Sand aus den Urnen* erscheint. Celan zieht das Buch zurück
ab Herbst 1948 Germanistik- und Sprachwissenschaftsstudium an der Sorbonne
August 1949 Begegnung mit Diet Kloos in Paris
1949/50 Klaus Demus studiert in Paris, seine spätere Frau Nani ein Jahr darauf
November 1949 Bekanntschaft mit Yvan und Claire Goll. Y. Goll stirbt am 27. Februar 1950
Juli 1950 Erwerb der Licence ès-Lettres
November 1951 Begegnung mit Gisèle de Lestrange (1927–1991)
Mai 1952 Erstmals in Deutschland seit 1938. Lesung beim Treffen der Gruppe 47 in Niendorf/Ostsee. Wiedersehen mit Ingeborg Bachmann
Herbst 1952 *Mohn und Gedächtnis* erscheint
23. Dezember 1952 Heirat mit der Graphikerin Gisèle de Lestrange
1953 Umzug in die 5, Rue de Lota (16e). Begegnung mit René Char
7. Oktober 1953 Geburt des Sohnes François, der nur dreißig Stunden lebt
1953 Erste Versuche von Claire Goll, Celan als Plagiator zu denunzieren
1955 Umzug in die 29bis, Rue Montevideo (16e)
6. Juni 1955 Geburt des Sohnes Claude François Eric
17. Juli 1955 Offizielle Einbürgerung von «Paul Antschel»

1955 *Von Schwelle zu Schwelle* erscheint
1956 Literaturpreis des Kulturkreises im Bundesverband der Deutschen Industrie
Januar–Mai 1956 Übersetzer am «Bureau International du Travail» in Genf
Mai, November 1957 Rose Ausländer zu Besuch in Paris
Oktober 1957 «Bund»-Tagung in Wuppertal. Wiedersehen mit Ingeborg Bachmann. Begegnung mit Peter Huchel und Hans Mayer
November 1957 Umzug in die 78, Rue de Longchamp (16e)
26. Januar 1958 Literaturpreis der Freien Hansestadt Bremen
April 1959 Celan lernt Peter Szondi und Jean Bollack kennen. *Sprachgitter* entsteht
Juli 1959 Sils Maria. *Gespräch im Gebirg* erscheint
Herbst 1959 Lecteur d'Allemand an der École Normale Supérieure (ENS), Rue d'Ulm
April 1960 Claire Golls Plagiatsvorwurf von einigen Feuilletons aufgegriffen
Mai 1960 Begegnung mit Nelly Sachs in Zürich. Wiedersehen mit Ingeborg Bachmann
13.–17. Juni 1960 Nelly Sachs zu Besuch in Paris
September 1960 Celan reist nach Stockholm, um Nelly Sachs in der Klinik zu besuchen
13. September 1960 Begegnung mit Martin Buber in Paris
22. Oktober 1960 Georg-Büchner-Preis in Darmstadt. Rede *Der Meridian*
Oktober 1962 Erneut für einen Monat Übersetzer am «BIT» in Genf
Dezember 1962–Januar 1963 Aufenthalt in einer Pariser psychiatrischen Klinik
Mai/Oktober 1963 Erste Begegnungen mit Franz Wurm in Zürich

Herbst 1963 *Die Niemandsrose* erscheint

1964 Mit Gisèle Celan-Lestrange in Hannover anläßlich der Ausstellung ihrer Bilder

Oktober 1964 Großer Kunstpreis des Landes Nordrhein-Westfalen. Düsseldorf

Mai 1965 Erneuter Aufenthalt in psychiatrischer Klinik bei Paris

Dezember 1965–Juni 1966 Klinikaufenthalte bei und in Paris. Zyklus *Eingedunkelt* entsteht

19. April 1966 Ausstellung zur Edition *Atemkristall* von Celan mit Radierungen von Gisèle Celan-Lestrange im Pariser Goethe-Institut

1966 Herausgabe von Henri Michaux, «Dichtungen, Schriften I»

November 1966 Wiedersehen mit Petre Solomon in Paris

Februar–Mai 1967 Erneuter Klinikaufenthalt, danach Wohnen in dieser Klinik in Paris

Juli 1967 Lesung an der Universität Freiburg i. Br. Treffen mit Martin Heidegger in dessen Hütte in Todtnauberg

September 1967 Im Tessin mit Franz Wurm. Begegnung mit Moshé Feldenkrais in Paris

Herbst 1967 *Atemwende* erscheint

November 1967 Celan kehrt nicht in die Familienwohnung zurück. Umzug in die 24, Rue Tournefort (5e)

Dezember 1967 Aufenthalt in West-Berlin mit Lesungen, u. a. bei Peter Szondi an der Freien Universität

Mai 1968 Celan ist (zunächst begeisterter) Zeuge der Ereignisse in Paris

Herbst 1968 Mitherausgeber der Pariser Literaturzeitschrift «L'Éphémère»

Oktober 1968 *Fadensonnen* erscheint

Oktober/November 1968 Stipendiat in La Colle-sur-Loup bei Vence

November 1968–Januar 1969 Weiterer Klinikaufenthalt nach einer psychischen Krise

Ostern 1969 Letzter London-Aufenthalt und Besuch bei Tante Berta Antschel

1969 *Schwarzmaut* (mit Radierungen von Gisèle Celan-Lestrange)

Oktober 1969 Israel-Reise. Ansprache vor dem Hebräischen Schriftstellerverband. Wiederbegegnung mit Ilana Schmueli. Jerusalem-Gedichte

6. November 1969 Umzug in die 6, Avenue Émile Zola (15e)

Ende Dezember 1969–3. Februar 1970 Ilana Schmueli zeitweise in Paris

März 1970 Franz Wurm in Paris. Letzte Begegnung mit Peter Szondi. Lesung in Stuttgart (Hölderlin-Gesellschaft). Tübingen. Lesung in Freiburg i. Br. Colmar (Isenheimer Altar)

20.(?) April 1970 Selbstmord in der Seine. Der Leichnam wird am 1. Mai gefunden

12. Mai 1970 Beisetzung auf dem Friedhof Thiais bei Paris

1970 *Lichtzwang* erscheint postum

1971 *Schneepart* erscheint postum

1976 *Zeitgehöft* erscheint postum

Zeugnisse

Erich Fried
Celan ist kein «politischer Mensch». Er legt auch keinen Wert darauf, «zeitnah» oder «zeitverbunden» zu sein. Aber vielleicht gerade deshalb sind seine Gedichte besonders tief von dieser Zeit geprägt. Nicht wie aktuelle Leitartikel, nicht wie philosophische und politische Analysen der Zeit, sondern diese Gedichte sind der reinste Ausdruck, den ich kenne, für den Zusammenstoß zwischen den großen uralten Bildern der menschlichen Seele, der menschlichen Phantasie, und den Katastrophen der Gegenwart.
Sendung für die BBC, German Service, 1954

Ingeborg Bachmann
Mit einer Grabschrift, der *Todesfuge*, ist er zuerst unter uns getreten, und mit sehr leuchtenden, dunklen Worten, die eine Reise bis ans Ende der Nacht machten. Und dieses Ich, in diesen Dichtungen, verzichtet auch auf einen gewaltsamen Entwurf, auf die erpreßte Autorität und gewinnt eine Autorität, indem es für sich nichts erbittet als: *Mache mich bitter, zähle mich zu den Mandeln, zähl mich dazu … was bitter war und dich wachhielt …*
Frankfurter Poetik-Vorlesungen, 1959

Johannes Bobrowski
Nochmal zu Celan! Laß mich doch toben, lieber Mann, dem Celan fällt davon kein Stein aus der Krone. Ich kann Dir sagen, ich gebe mir redliche Mühe mit ihm. Es wird aber doch an ihm liegen, wenn mir *Sprachgitter* wie eine Destillieranstalt vorkommt, wie eine elegant aufgemachte Alchimistenküche. Und eben dahinein trau ich mich nicht.
Brief an Peter Jokostra vom 14. August 1959

Martin Heidegger
[Paul Celan] steht am weitesten vorn und hält sich am meisten zurück. Ich kenne alles von ihm, weiß auch von der schweren Krise, aus der er sich selbst herausgeholt hat, soweit dies ein Mensch vermag.
Brief an Gerhart Baumann, 23. Juni 1967

Beda Allemann
Die Symbiose von Leben und Tod bleibt eine der großen Voraussetzungen der Dichtung Celans. […] Die von jedem einzelnen Gedicht gesuchte, zu gewinnende Welt ist esoterischer Natur, das wird auch der mit dem Celanschen Werk vertraute Betrachter zugeben. Aber es gibt keinen Anlass, diese Esoterik mit purer Irrealität zu verwechseln. Wer einer solchen Verwechslung verfiele, würde sich den Zugang von vornherein abschneiden.
Nachwort zu Paul Celan, Ausgewählte Gedichte, 1968

Theodor W. Adorno
Im bedeutendsten Repräsentanten hermetischer Dichtung der zeitgenössischen deutschen Lyrik, Paul Celan, hat der Erfahrungsgehalt des Hermetischen sich umgekehrt. Diese Lyrik ist durchdrungen von der Scham der Kunst angesichts des wie der Erfahrung so der Sublimierung sich entziehenden Leids. Celans Gedichte wollen das äußerste Entsetzen durch Verschweigen sagen. Ihr Wahrheitsgehalt selbst wird ein Negatives.
Ästhetische Theorie, 1969

Peter Szondi
So ist die Aktualisierung der Vernichtungslager nicht allein das Ende von Celans Dichtung, sondern zugleich deren Voraussetzung. *Engführung* ist in einem sehr genauen Sinne die Widerlegung der allzu berühmt gewordenen Behauptung Adornos, daß es

«nach Auschwitz unmöglich ward, Gedichte zu schreiben».
Celan-Studien. (2) Durch die Enge geführt, 1971

Paul Auster
Es gibt keine Lyrik, die wütender wäre als die seine, keine Lyrik so ganz und gar von Bitterkeit inspiriert. Celan hörte niemals auf, sich mit dem Drachen Vergangenheit zu konfrontieren, und am Ende verschluckte dieser ihn.
The Poetry of Exile, 1983

Maurice Blanchot
Was hier zu uns spricht, erreicht uns durch die äußerste sprachliche Spannung und Verdichtung, durch die Notwendigkeit, an Worten, die für etwas anderes als für ihren Sinn verknüpft, die lediglich auf etwas hin ausgerichtet und doch von nun an miteinander verbunden sind, festzuhalten und sie in einer Vereinigung, die keine Einheit ist, in Beziehung zueinander zu setzen.
Der als letzter spricht, 1984

Hans Mayer
Er war unendlich empfindlich, aber empfindlich überhaupt nicht in dem Sinne des Ehrgeizes, der Karriere, des Erfolges oder des Mißerfolges. Er wußte, um es mit Hölderlin zu sagen, daß ihn Apollo geschlagen hatte. Aber er wußte gleichzeitig, daß wir hier in einer Welt und unter Menschen lebten, die die Möglichkeit von Dichtung, wie sie noch in den 20er Jahren denkbar gewesen war, durch ihr Tun, durch ein deutsches Tun zunichte gemacht hatte.
Augenblicke mit Paul Celan, 1989

Edmond Jabès
Seinen Henkern im Namen der Sprache, die sie mit ihm teilen, trotzen und sie auf die Knie zwingen. Darum ging es vor allem.
Des verstorbenen Freundes gedenkend. Wie ich Paul Celan lese, 1989

Günter Grass
Ich verdanke Paul Celan viel: Anregung, Widerspruch, den Begriff von Einsamkeit, aber auch die Erkenntnis, daß Auschwitz kein Ende hat. Seine Hilfe kam nie direkt, sondern verschenkte sich in Nebensätzen, etwa auf Spaziergängen in Parkanlagen.
Schreiben nach Auschwitz. Frankfurter Poetik-Vorlesungen, 1990

Bibliographie

Hier können nur wenige wichtige Veröffentlichungen genannt werden, vor allem die im Text mehrfach zitierte Literatur. Weiterführende Literaturangaben finden sich z. T. in den unter 1. genannten Titeln.

1. Bibliographien, Verzeichnisse, Dokumentationen, Periodika

Bohrer, Christiane (1989): Paul Celan. Bibliographie. Frankfurt a. M. u. a.

Glenn, Jerry (1989). Paul Celan. Eine Bibliographie. Wiesbaden

Hamacher, Werner / Menninghaus, Winfried (Hg.) (1988). Paul Celan. Frankfurt a. M. (Bibliographie S. 345 – 359)

Lorenz, Otto (1983). Paul Celan. In: Kritisches Lexikon zur deutschsprachigen Gegenwartsliteratur. München (mit Bibliographie von 1998)

Nielsen, Karsten Hvidtfelt / Pors, Harald (1981). Index zur Lyrik Paul Celans. München

Pors, Harald (1989). Rückläufiges Wortregister zur Lyrik Paul Celans. München

Emmerich, Wolfgang (Hg.) (1988): Der Bremer Literaturpreis 1954 – 1987. Eine Dokumentation. Bremerhaven, S. 69 – 76 (mit Briefen)

Fremde Nähe (1997), Celan als Übersetzer. Eine Ausstellung des Deutschen Literaturarchivs. Von Axel Gellhaus u. a. Marbach

Ivanović, Christine (1996 a): «Kyrillisches, Freunde, auch das ...» Die russische Bibliothek Paul Celans im Deutschen Literaturarchiv Marbach. Marbach

Wichner, Ernest / Wiesner, Herbert (1993). In der Sprache der Mörder. Eine Literatur aus Czernowitz, Bukowina. Berlin (Literaturhaus)

Celan-Jahrbuch. Hg. v. Hans-Michael Speier. Bd. 1 (1987) – Bd. 7 (1999)

2. Werke

2.1 Werkausgaben

Gesammelte Werke. Hg. v. B. Allemann u. a. Band I–V. Frankfurt a. M. 1983 (Bd. I–III: Gedichte, Prosa, Reden, Bd. IV/V: Übersetzungen)

Das Frühwerk [einschl. rumänischer Texte und ihrer Übersetzungen]. Hg. v. B. Wiedemann. Frankfurt a. M. 1989

Die Gedichte aus dem Nachlass. Hg. v. B. Badiou u. a. Frankfurt a. M. 1997

Werke. Historisch-Kritische Ausgabe. Hg. Bonner Arbeitsstelle. Frankfurt a. M. Bisher erschienen: Bd. 7.1 / 7.2: Atemwende. 1990. Bd. 8.1 / 8.2: Fadensonnen. 1991. Bd. 9.1 / 9.2: Lichtzwang. 1997. Bd. 10.1 / 10.2: Schneepart. 1994

Werke. Tübinger Ausgabe [Vorstufen – Textgenese – Endfassung]. Hg. v. Jürgen Wertheimer. Frankfurt a. M. Bisher erschienen: (1) Sprachgitter. 1996 (2) Die Niemandsrose. 1996 (3) Der Meridian. 1999

2.2 Einzelausgaben

Der Sand aus den Urnen. Wien 1948 (A. Sexl – zurückgezogen)

Mohn und Gedächtnis. Stuttgart 1952 (Deutsche Verlags-Anstalt)

Von Schwelle zu Schwelle. Stuttgart 1955 (Deutsche Verlags-Anstalt)

Sprachgitter. Frankfurt a. M. 1959 (S. Fischer)

Die Niemandsrose. Frankfurt a. M. 1963 (S. Fischer)

Atemwende. Frankfurt a. M. 1967 (Suhrkamp)

Fadensonnen. Frankfurt a. M. 1968 (Suhrkamp)

Lichtzwang. Frankfurt a. M. 1970
(Suhrkamp)

Schneepart. Frankfurt a. M. 1971
(Suhrkamp)

Zeitgehöft. Späte Gedichte aus dem
Nachlaß. Frankfurt a. M. 1976
(Suhrkamp)

Gedichte 1938–1944. Vorwort von
Ruth Kraft. Frankfurt a. M. 1986
(Suhrkamp)

Eingedunkelt und Gedichte aus dem
Umkreis von Eingedunkelt. Hg. v. B.
Badiou und J.-C. Rambach. Frank-
furt a. M. 1991 (Suhrkamp)

Gedichte. Eine Auswahl. Auswahl
und Anmerkungen von Klaus Wagenbach, unter Mitarbeit des Autors. Frankfurt a. M. 1962 (S. Fischer)

Ausgewählte Gedichte. Zwei Reden.
Nachwort von Beda Allemann.
Frankfurt a. M. 1968 (Suhrkamp)

Ausgewählte Gedichte. Auswahl und
Nachbemerkung von Klaus Reichert. Frankfurt a. M. 1970 (Suhrkamp)

Die Dichtung Ossip Mandelstamms
(Rundfunksendung für den NDR
1960). In: Ossip Mandelstam. Im
Luftgrab. Ein Lesebuch. Hg. v. R.
Dutli. Zürich 1988, S. 68–81

3. Briefe

Bender, Hans (1984). In: Briefe an
Hans Bender. Hg. v. V. Neuhaus.
München

Bermann Fischer, Gottfried / Ber-
mann Fischer, Brigitte (1990):
Briefwechsel mit Autoren. Hg. v. R.
Stach. Frankfurt a. M. (S. 616–659)

Dischner, Gisela (1996). Paul Celan
an Gisela Dischner. Briefe aus den
Jahren 1965–1970. Hg. v. J. Runkehl
und T. Siever. O. O. [Hannover]

Einhorn, Erich (1998): Paul Celan –
Erich Einhorn: Briefe. Kommen-
tiert von M. Dmitrieva-Einhorn.
In: Celan-Jahrbuch 7 (1998),
S. 7–49

Federmann, Reinhard (1972). In:
Ders.: In memoriam Paul Celan. In:
Die Pestsäule [Wien] 1 (September
1972), S. 17–21 und 91

Ficker, Ludwig von (1975). In: Anton Schwob: Ein unbekannter Brief
Paul Celans [vom 5. Februar 1951].
In: Karpaten-Rundschau vom 6. Juni 1975, S. 4

Härtling, Peter (1993). In: «… und
gehe in Worten spazieren». Briefe
an Peter Härtling 1953–1993. Hg. v.
K. Siblewski. Hamburg, S. 19 f.

Kloos, Diet (1993). In: Sars, Paul:
«Ein solcher Ausgangspunkt wären
meine Gedichte»: zu den Briefen
von Paul Celan an Diet Kloos-Ba-
rendregt. In: Jamme (s. unter 5.1),
S. 15–39

Margul-Sperber, Alfred (1975). In:
Neue Literatur [Bukarest] 26 (1975),
Heft 7, S. 50–63

Neumann, Robert (Hg.) (1966). In:
34 x erste Liebe. Schriftsteller aus
zwei Generationen unseres Jahrhunderts beschreiben erste erotische Erlebnisse. Dokumentarische
Geschichten. Frankfurt a. M., S. 32 f.

Pöggeler, Otto (1980). In: Ders.: Kon-
troverses zur Ästhetik Paul Celans.
In: Zeitschrift für Ästhetik und allgemeine Kunstwissenschaft 25
(1980), S. 202–243

Richter, Hans Werner (1997): Briefe.
Hg. v. Sabine Cofalla. München /
Wien (mit 6 Briefen Celans)

Rosenthal, Bianca (1983): Quellen
zum frühen Celan. In: Monatshefte
(Wisconsin) 75 (1983), Heft 4,
S. 402 f. (Brief an Verwandte in Palästina)

Rychler, Max (1980). In: Neue Literatur [Bukarest] 31 (1980), Heft 11,
S. 58 f. und 61 (Entwurf)

Sachs, Nelly (1993). Paul Celan –
Nelly Sachs. Briefwechsel. Hg. v. B.
Wiedemann. Frankfurt a. M.

Solomon, Petre (1981): Briefwechsel
mit Paul Celan, 1957–1962. In:
Neue Literatur [Bukarest] 32 (1981),
Heft 11, S. 60–80

Die Stimme 26 (1970), Hefte Juni und August (Tel Aviv). Auszüge aus Briefen an Freunde in Israel nach Paul Celans Israel-Reise

Struve, Gleb (1959/60). In: Victor Terras/Karl S. Weimar: Mandelstamm und Celan: A Postscript. In: Germano-Slavica 1978, Nr. 5, S. 361–363. Nachdruck in: Hamacher (s. unter 1), S. 11–13

Szondi, Peter (1993): Briefe. Hg. v. C. König und T. Sparr. Frankfurt a. M.

Wallmann, Jürgen P. (1971). In: Ders.: «Auch mich hält keine Hand». Zum 50. Geburtstag von Paul Celan. In: die horen 16 (1971), Nr. 83, S. 79–84

Wurm, Franz (1995): Paul Celan. Briefwechsel mit Franz Wurm. Hg. v. B. Wiedemann in Verbindung mit F. Wurm. Frankfurt a. M.

4. Gespräche und Erinnerungen

Ausländer, Rose (1991): Erinnerungen an eine Stadt. In: Rose Ausländer. Materialien zum Leben und Werk. Hg. v. H. Braun. Frankfurt a. M., S. 7–10

Barash, Moshe (1985): Über Paul Celan. Interview mit Cord Barkhausen. In: Sprache und Literatur in Wissenschaft und Unterricht 16 (1985), Heft 1, S. 93–107

Basil, Otto (1971): Wir leben unter finsteren Himmeln. In: Literatur und Kritik. Österreichische Monatsschrift 52 (1971), S. 102–105

Baumann, Gerhart (1986): Erinnerungen an Paul Celan. Frankfurt a. M. 1986. Erweiterte Ausgabe 1992

Blanchot, Maurice (1993): Der als letzter spricht. Über Paul Celan. Berlin

Böschenstein, Bernhard (1990): Gespräche und Gänge mit Paul Celan. In: Böschenstein, B./Bevilacqua, Giuseppe: Paul Celan. Marbach, S. 7–19

Bollack, Jean (1993): Herzstein. Über

ein unveröffentlichtes Gedicht von Paul Celan. München/Wien

Bonnefoy, Yves (1998): Die rote Wolke. München, S. 256–262

Cameron, Esther (1986). Erinnerung an Paul Celan. In: Park. Zeitschrift für neue Literatur 10 (1986) Heft 27/28, S. 50–52; auch bei Hamacher (s. unter 1), S. 338–342

Cioran, E. M. (1988): Encounters with Paul Celan. In: Acts. A Journal of New Writing (San Francisco) 1988; Nr. 8/9, S. 151–155

Döpke, Oswald (1994): Ingeborg Bachmann in Briefen aus den Jahren 1956 und 1957. In: I. Bachmann. Das Lächeln der Sphinx. = du. Die Zeitschrift der Kultur 1994, Heft 9, S. 36–39

Dor, Milo (1988): Auf dem falschen Dampfer. Fragmente einer Autobiographie. Wien/Darmstadt

Dürrenmatt, Friedrich (1990): [Erinnerungen an Paul Celan. In:] Turmbau. Stoffe IV–IX. Zürich, S. 169–171

Goll, Claire (1976): La poursuite du vent. Paris (S. 274 f.); deutsche Ausgabe: Ich verzeihe keinem. Eine literarische Chronique scandaleuse unserer Zeit. Bern/München 1978 (die Passage zu Celan fehlt)

Grass, Günter (1990): Schreiben nach Auschwitz: Frankfurter Poetik-Vorlesung. Frankfurt a. M., S. 29–32

Huppert, Hugo (1988): «Spirituell». Ein Gespräch mit Paul Celan [1973]. In: Hamacher (s. unter 1), S. 319–324

Jabès, Edmond (1989): Des verstorbenen Freundes gedenkend. Wie ich Paul Celan lese. In: Frankfurter Allgemeine Zeitung vom 22. April 1989

Jokostra, Peter (1971): «Celan ist bestenfalls eine Parfümfabrik …» Das spannungsvolle Verhältnis zwischen Johannes Bobrowski und Paul Celan. In: Die Welt vom 30. Oktober 1971 (mit Briefen)

Krolow, Karl (1970): Paul Celan. In: Jahresring 1970/71. Stuttgart, S. 338–346

Leiser, Erwin (1982). Leben nach dem Überleben. Dem Holocaust entronnen – Begegnungen und Schicksale. Königstein/Ts. (mit einem Brief)

Lenz, Hermann (1988): Erinnerungen an Paul Celan. In: Hamacher (s. unter 1), S. 315–318

Lefebvre, Jean Pierre (1997): «Paul Celan – unser Deutschlehrer». In: arcadia 32 (1997), Heft 1, S. 97–108

Martin, Uwe (Hg.) (1982): Texte zum frühen Celan. Bukarester Celan-Kolloquium 1981. = Zeitschrift für Kulturaustausch 32, Heft 3 (mit Erinnerungen von Marcel Aderca, Maria Banuş, Ion Caraion, Nina Cassian, Ovid S. Crochmălniceanu, Horia Deleanu, Alfred Kittner und Petre Solomon)

Mayer, Hans (1970): Erinnerung an Paul Celan. In: Merkur 24 (1970), Heft 12, S. 1150–1162

Mayer, Hans (1997): Interview zu Paul Celan (mit Jürgen Wertheimer). In: arcadia 32 (1997), Heft 1, S. 298–300

Michaux, Henri (1970): Sur le chemin de la vie. Paul Celan. In: Études Germaniques 25 (1970), Nr. 3, S. 250

Peyer, Rudolf (1987): Annäherung an eine Legende. Begegnungen mit Paul Celan. In: Neue Zürcher Zeitung vom 10. April 1987, S. 40

Podewils, Clemens (1971): Namen. Ein Vermächtnis Paul Celans. In Ensemble. Internationales Jahrbuch für Literatur 2 (1971), S. 67–70

Reinfrank, Arno (1971): Schmerzlicher Abschied von Paul Celan. In: die horen 16 (1971), Nr. 83, S. 72–75

Sanders, Rino (1988). Erinnerung an Paul Celan. In: Jemand, der schreibt. 57 Aussagen. Hg. v. Rudolf de Le Roi. München 1972, S. 314–317; auch bei Hamacher (s. unter 1), S. 311–314

Schmueli, Ilana (1994): Denk dir. Paul Celan in Jerusalem. In: Jüdischer Almanach 1995. Hg. v. J. Hessing. Frankfurt a. M., S. 9–36 (mit Briefen)

Schocken, Gershom (1980): Paul Celan in Tel Aviv. In: Neue Rundschau 91 (1980), Heft 2/3. S. 256–259

Schwerin, Christoph Graf von (1981): Bitterer Brunnen des Herzens. Erinnerungen an Paul Celan. In: Der Monat Nr. 279, S. 73–81

Schwerin, Christoph Graf von (1997): Als sei nichts gewesen. Erinnerungen. Berlin (mit Briefen)

Silbermann, Edith (1993): Begegnung mit Paul Celan. Erinnerung und Interpretation. Aachen (mit Briefen)

Solomon, Petre (1980): Paul Celans Bukarester Aufenthalt. In: Neue Literatur [Bukarest] 31 (1980), Heft 11, S. 50–64

Solomon, Petre (1982): Zwanzig Jahre danach. Erinnerungen an Paul Celan. In: Neue Literatur [Bukarest] 33 (1982), Heft 11, S. 23–34 (mit Briefen)

Solomon, Petre (1990): Paul Celan. L'adolescence d'un adieu. Paris 1990 (zuerst rumänisch: Paul Celan. Dimensiunea Romaneasca. Bukarest 1987; mit sämtlichen Briefen Celans an Solomon, S. 209–241, wie auch den meisten Briefen Celans an A. Margul-Sperber, S. 242–278)

Die Stimme 26 (1970), Hefte Juni und Juli (Tel Aviv). Mit Erinnerungen von Gideon Kraft, Dorothea Müller-Altneu, Meier Teich und Manfred Winkler

Susman, Margarete (1964): Ich habe viele Leben gelebt. Erinnerungen. Stuttgart, S. 174f.

Szász, János (1988): «Es ist nicht so einfach …» Erinnerungen an Paul Celan. [1975]. In: Hamacher (s. unter 1), S. 325–337

Wurm, Franz (1990): Erinnerung an Paul Celan. In: Neue Zürcher Zeitung vom 24./25. November 1990.

Verändert unter dem Titel «Erinnerung» in: Sprache im technischen Zeitalter 33 (1995), März-Heft, S. 84–88

5. Forschungsliteratur

5.1 Biographien, Monographien, Sammelbände

Bevilacqua, Giuseppe (1998): Eros – Nostos – Thanatos: la parabola di Paul Celan. In: Paul Celan: Poesie. Deutsch/italienisch. Hg. und übersetzt von G. Bevilacqua. Milano, S. XI–CXXIX (mit Zeittafel)

Böschenstein, Bernhard / Weigel, Sigrid (Hg.) (1997): Ingeborg Bachmann und Paul Celan. Poetische Korrespondenzen. Frankfurt a. M.

Buck, Theo (1993): Muttersprache, Mördersprache. Celan-Studien I. Aachen

Buhr, Gerhard / Reuss, Roland (Hg.) (1991): Paul Celan, «Atemwende». Materialien. Würzburg

Chalfen, Israel (1979): Paul Celan. Eine Biographie seiner Jugend. Frankfurt a. M. (mit Briefen)

Colin, Amy D. (Hg.) (1987): Argumentum e Silentio. International Paul Celan Symposium [Seattle 1984]. Berlin/New York

Corbea, Andrei / Astner, Michael (Hg.) (1990): Kulturlandschaft Bukowina. Studien zur deutschsprachigen Literatur nach 1918. Iaşi (Rumänien)

Derrida, Jacques (1986): Schibboleth. Für Paul Celan. Graz/Wien

Felstiner, John (1997): Paul Celan. Eine Biographie. München (zuerst englisch, 1995)

Gellhaus, Axel / Lohr, Andreas (Hg.) (1996): Lesarten. Beiträge zum Werk Paul Celans. Köln u. a.

Guţu, George (1990): Die Lyrik Paul Celans und der geistige Raum Rumäniens. Bukarest (mit Briefen an Nina Cassian)

Ivanović, Christine (1996 b): Das Gedicht im Geheimnis der Begegnung. Dichtung und Poetik Celans im Kontext seiner russischen Lektüren. Tübingen

Jamme, Christoph / Pöggeler, Otto (Hg.) (1993): «Der glühende Leertext». Annäherungen an Paul Celans Dichtung. München

Janz, Marlies (1976): Vom Engagement absoluter Poesie. Zur Lyrik und Ästhetik Paul Celans. Frankfurt a. M.

Koelle, Lydia (1997): Paul Celans pneumatisches Judentum. Gott-Rede und menschliche Existenz nach der Shoah. Mainz

Lehmann, Jürgen (Hg.) (1997): Kommentar zu Paul Celans «Die Niemandsrose». Heidelberg

Meinecke, Dietlind (Hg.) (1970): Über Paul Celan. Frankfurt a. M.

Neubauer, John / Wertheimer, Jürgen (Hg.) (1997): Celan und/in Europa. = arcadia 32 (1997), Heft 1

Neumann, Peter Horst (1990): Zur Lyrik Paul Celans. Göttingen (zuerst 1968)

Olschner, Leonard M. (1985): Der feste Buchstab. Erläuterungen zu Paul Celans Gedichtübertragungen. Göttingen/Zürich

Pöggeler, Otto (1986): Spur des Worts. Zur Lyrik Paul Celans. Freiburg/Br.

Schulz, Georg-Michael (1977): Negativität in der Dichtung Paul Celans. Tübingen

Shoham, Chaim / Witte, Bernd (Hg.) (1987): Datum und Zitat bei Paul Celan. Akten des Internationalen Celan-Colloquiums Haifa 1986. Bern u. a.

Sparr, Thomas (1989): Celans Poetik des hermetischen Gedichts. Heidelberg

Strelka, Joseph P. (Hg.) (1987): Psalm und Hawdalah. Zum Werk Paul Celans. Akten des Internationalen Paul-Celan-Colloquiums New York 1985. Bern u. a.

Szondi, Peter (1972): Celan-Studien. Frankfurt a. M.

Text + Kritik (1984). Heft 53 / 54. 2. erweiterte Aufl. München

Wiedemann-Wolf, Barbara (1985): Antschel Paul – Paul Celan. Studien zum Frühwerk. Tübingen

5.2 Aufsätze, Literaturkritik

Allemann, Beda (1993): Max Rychner – Entdecker Paul Celans. In: Acta-Band zum Symposium «Beiträge jüdischer Autoren zur deutschen Literatur seit 1945». Darmstadt, S. 280–292

Birus, Hendrik (1996): Hommage à quelqu'un. Paul Celans «Hüttenfenster» – ein ‹Wink› für Johannes Bobrowski? In: Hermenautik – Hermeneutik [Für P. H. Neumann]. Hg. v. H. Helbig u. a. Würzburg, S. 269–277

Böschenstein, Bernhard (1988): Im Zwiegespräch mit Hölderlin: George, Rilke, Trakl, Celan. In: Philosophie und Poesie. O. Pöggeler zum 60. Geburtstag. Hg. v. A. Gethmann-Siefert. Bd. 2. Stuttgart 1988, S. 241–260

Bollack, Jean (1994): Paul Celan und Nelly Sachs. Geschichte eines Kampfes. In: Neue Rundschau 105 (1994), Heft 4, S. 119–134

Bollack, Jean (1998): Vor dem Gericht der Toten. Paul Celans Begegnung mit Martin Heidegger und ihre Bedeutung. In: Neue Rundschau 108, Heft 1, S. 127–156

Firges, Jean (1962): Sprache und Sein in der Dichtung Paul Celans. In: Muttersprache 72 (1962), S. 261–269 (mit einem Briefzitat Celans)

Gellhaus, Axel (1993 a): Marginalien. Paul Celan als Leser. In: Jamme (s. unter 5.1), S. 41–65

Gellhaus, Axel (1993 b): Erinnerung an schwimmende Hölderlintürme. Paul Celan, «Tübingen, Jänner». Marbach (= Spuren Nr. 24)

Gellhaus, Axel (1995): Die Polarisierung von *Poesie* und *Kunst* bei Paul Celan. In: Celan-Jahrbuch 6 (1995), S. 51–91

Krass, Stephan (1997): «Mit einer Hoffnung auf ein kommendes Wort». Die Begegnung von Paul Celan und Martin Heidegger. In: Neue Zürcher Zeitung vom 2. August 1997

Krass, Stephan (1998): «Wir haben Vieles einander zugeschwiegen». Ein unveröffentlichter Brief von Martin Heidegger an Paul Celan. In: Neue Zürcher Zeitung vom 3. Januar 1998

Lämmert, Eberhard (1994): Peter Szondi. Ein Rückblick zu seinem 65. Geburtstag. In: Poetica 26 (1994), S. 1–30

Lütz, Jürgen (1996): Der Name der Blume. Über den Celan-Bachmann Diskurs, dargestellt am Zeugen ‹Ich höre, die Axt hat geblüht›. In: Gellhaus / Lohr (s. unter 5.1), S. 49–80

Lyon, James K. (1987): Die (Patho-) Physiologie des Ichs in der Lyrik Paul Celans. In: Zeitschrift für deutsche Philologie 106, Heft 4, S. 591–608

Lyon, James K. (1989): Judentum, Antisemitismus, Verfolgungswahn: Celans «Krise» 1960–1962. In: Celan-Jahrbuch 3 (1989), S. 175–204

Neumann, Peter Horst (1970): Ich-Gestalt und Dichtungsbegriff bei Paul Celan. In: Études Germaniques 25 (1970), Nr. 3, S. 299–310

Reichert, Klaus (1988): Hebräische Züge in der Sprache Paul Celans. In: Hamacher (s. unter 1), S. 156–169

Stiehler, Heinrich (1972): Die Zeit der Todesfuge. Zu den Anfängen Paul Celans. In: Akzente 19, Heft 1, S. 11–40

Über den Autor

Wolfgang Emmerich, geboren 1941 in Chemnitz/Sachsen, ist seit 1978 Professor für neuere deutsche Literatur- und Kulturgeschichte an der Universität Bremen. Studium der Germanistik, Geschichte und Philosophie. Lehrte seit 1968 an Universitäten in den USA und an der Universität Tübingen. Später mehrere Gastprofessuren in den USA, in Paris und in Turin. Buchveröffentlichungen u. a. zur Wissenschaftsgeschichte der Germanistik und Volkskunde, zur Arbeiterautobiographie, zu Heinrich Mann, zur Exillyrik und zur DDR-Literatur. Aufsätze über Paul Celan im «Celan-Jahrbuch» und in «Sinn und Form».

Danksagung

Ich habe zu danken: Eric Celan (Paris), Jochen Meyer und den Mitarbeitern des Deutschen Literaturarchivs (Marbach), Klaus Demus (Wien), Gisela Dischner (Hannover), Marina Dmitrieva-Einhorn (Bremen), Peter Härtling (Mörfelden-Walldorf), Michael Hamburger (Middleton/Suffolk), Malzia Fischmann-Kahwe (Rehovod/Israel), Karl und Luzie Krolow (Darmstadt), Rita Lutrand (Paris), Stéphane Mosès (Jerusalem), Klaus Reichert (Frankfurt a. M.), Ilana Schmueli (Tel Aviv), Edith Silbermann (Düsseldorf), Franz Wurm (Zürich) – Amir Eshel (Stanford), Axel Gellhaus (Aachen), Hans Höller (Salzburg), Christine Ivanović (Erlangen), Leonard Olschner (London), Heino Schmull (Tübingen), Georg-Michael Schulz (Kassel), Thomas Sparr (Frankfurt a. M.), Hans-Michael Speier (Berlin), Jozef Tancer (Bratislava), Ernest Wichner (Berlin) sowie Carsten Meyer und Cordula Voigts (Bremen).

QUELLENNACHWEISE

Deutsches Literaturarchiv, Bildabteilung, Marbach: Umschlagvorderseite, 62, 67, 86, 127, 130, 132 (Foto: Mathias Michaelis, Pforzheim), Unterschrift; 17, 40, 151 mit freundlicher Genehmigung von Eric Celan und dem Suhrkamp Verlag

© Prof. Dr. Gisela Dischner-Vogel, Hannover: Umschlagrückseite oben

Aus: Paul Celan: Der Sandmann. Faksimile. O. O. und o. J.: Umschlagrückseite unten (mit freundlicher Genehmigung von Eric Celan)

Eric Celan, Paris: 3 (Foto: Gisèle Celan-Lestrange), 89, 135

S. Fischer Verlag, Frankfurt a. M. (Fotos: Wolfgang Oschatz): 7, 119 (6)

Dagmar Ludwig, Darmstadt: 9 (Foto: Pit Ludwig)

Aus: Hermann Weber: Die Bukowina im Zweiten Weltkrieg. Hamburg 1972: 21

Fotos: Archiv des Bukowina-Instituts Augsburg: 25, 58

© Anemone Bekemeier, Berlin: 26

Aus: Israel Chalfen: Paul Celan. Eine Biographie seiner Jugend. Frankfurt a. M. 1983: 28 (Esriel Schrager), 29 (Blanca Berman), 33 (Malzia Fischmann-Kahwe)

Edith Silbermann, Düsseldorf: 35, 44, 46

Dr. Marina Dmitrieva-Einhorn, Bremen: 38

Rose Ausländer-Stiftung, Köln: 42

Walter Lepkowitz, Köln: 45

© All rights reserved, Yad Vashem, Jerusalem: 52

Aus: In der Sprache der Mörder. Erarb. und hg. von Ernest Wichner und Herbert Wiesner, Literaturhaus Berlin 1993: 53, 60 (© Muzeul literaturii române, Bukarest)

Ullstein Bilderdienst, Berlin: 70

Ingeborg Bachmanns Erben, Kötschach Mauthen: 76 (Foto: Wolfgang Kudronofsky)

© Kiepenheuer und Witsch Verlag, Köln: 84

© Josef Haid Verlag, Klagenfurt: 85

© Piper Verlag GmbH, München 1983: 91

Roger-Viollet, Paris: 101, 124, 148

© Rosemarie Rospek, Bremen: 108

Aus: «Die Zeit», Nr. 39, 19. 9. 1991: 111

Kungliga Biblioteket, Stockholm, © Erik Brandius, Stockholm: 121 (Foto: Anna Riwkin)

Aus: Jean Bollack: Pierre de cœur. Un poème inédit de Paul Celan «Le Périgord». Cognac 1991: 128 (mit freundlicher Genehmigung von Jean Bollack. Foto: Peter Szondi)

Aus: Paul Celan: Atemkristall. Radierungen von Gisèle Celan-Lestrange. Faksimile der bibliophilen Ausgabe von 1965 (Brunidor, Vaduz). Frankfurt a. M. 1990: 136 (mit freundlicher Genehmigung des Suhrkamp Verlags)

© Galerie Pierre Brullé, Paris: 138 (Foto: Karl Flinker)

Rita Lutrand, Paris: 139

© Luzzi Wolgensinger, Zürich: 141

© Digne Meller Marcovicz, Berlin: 143

Ilana Schmueli, Tel Aviv: 156, 157

© Gisèle Freund/Agence Nina Beskow, Paris: 165